学校教育と国民の形成

宮寺晃夫・平田諭治・岡本智周 著

講座 現代学校教育の高度化　小島弘道 監修　25

学文社

執筆者		
宮寺　晃夫	筑波学院大学	第１章
平田　諭治	筑波大学	第２章・第３章・第４章
岡本　智周	筑波大学	第５章

監修にあたって

　現代の学校は，社会のドラスティックな変化を前に，その社会に生きる上で直面する様々な課題に向き合い，解決して自分なりの生き方を選択，設計，実現するための「生きる力」の育成ほか，知識基盤社会など社会の新たなかたちに対応しうる人材を育成することが期待されている。その担い手としての教師をどう育成し，かつその質をどう高めるかは喫緊の課題であることは異論のないところだろう。これまで教員養成に対しては主として学部レベルの知や技の在り方を探り，さらに現職研修の充実によって対応してきた。しかし近年，教職大学院の設置や既存の教育系大学院の改革により教員を養成することに強い関心を寄せてきている教育政策からは，今後の教員養成は大学院レベルで行うことが望ましいとする方向が見え隠れする。しかし，それは教師の一部に限ってそうしようとするものであるばかりか，その大学院でいかなる知と技によって優れた教師を育成するかについては，その制度設計も含め，改善，改革すべき課題が山積し，その多くは今後に残されたままである。

　またそこでめざす職業人としてのかたちが「高度専門職業人」であるとされながらも，そこでの教師像，力量，そのために必要な育成や養成のシステムなどについて明確にされているというにはほど遠いというのが現実である。

　高度専門職業人としての教師であるためには，次の三つの知が不可欠だと考えられる。

- 専門性の高度化を持続させる知
- 専門性を成熟させる知
- 専門性を学校づくりに生かす知

　高度専門職業人であることは，高度な専門性を追究し，その分野のスペシャリストとして自らの教職キャリアを選択する方向，また求められるならばこれまで培ってきた専門性を基盤としてそれを学校づくりに生かすという教職キャ

リアを選択する方向があるだろう。そのいずれの方向であれ,「高度」というものがつきまとい,その実体を身に付けた教師であることが求められている。専門性は今や膨らみを持たせて語ることが重要である。授業実践にとどまらず,学校づくりにつながる授業実践の視野が求められる。その意味でも「専門性を学校づくりに生かす知」という視点は不可欠だと思う。その際,期待する教師像は「考える教師」,つまり「省察,創造,実践する教師」に求めたい。

　高度専門職業人としての教職に必要な知のレベルは「大学院知」としてとらえたい。この内実を明確にし,その知を実践に即して振り返り,その知を進化,発展させ,さらに新たな知を創造すること,それを教育実践と学校づくりとの関連で相互に生かす知として編集することができる力量の育成を通して,教職を名実共に成熟した専門職にまで高め,その専門性を不断に進化,成熟させるにふさわしい力量を備えた教師を育成する知を解明することが大切である。高度専門職業人であるための知は,大学院修了の資格を有しているか,いないかにかかわらず,その水準を「大学院知」に設定したい。そうした知の育成,展開をめざした研修でもありたい。さらに言えば本講座を通して「大学院知」のスタンダード,スタンダードモデルを創造し,発信するメッセージとなれば幸いである。

　本講座を構成する知は,①知識基盤テーマ群,②学校づくりテーマ群,③教育実践テーマ群,④教育内容テーマ群,の4群から構成した。各巻における編集・執筆の観点は,テーマをめぐる,①問題・課題の状況,②これまでの,そして現在の,さらにこれから必要とされる考え方や知見,③学校づくりや学校変革への示唆,である。

監修　小島　弘道

まえがき

　学校教育は，子ども一人ひとりの自己実現をめざすとともに，子どもをこの国の国民として形成していくことをめざしている。本書の目的は，学校教育のこの二重の課題のうち，とくに「国民の形成」の意味と意義を明らかにしていくことである。

　「国民」の実体は，時代とともに変わってきている。人々を「国民」として形成していくときには，個人を超えたなんらかの意思もはたらいている。それが国家の意思であるのはいうまでもないが，国家意思の所在を精確に捉えていかなければ，「国民の形成」の意味も意義も明らかにならない。これまで，国家はどのような意思で，「国民の形成」に取り組んできたのであろうか。その方向性は──国民国家のあり方が大きく揺れ動くなかで──今後も貫いていけるであろうか。この問題に，本書は比較教育論の方法と，歴史学の方法と，社会学の方法の三つの方面からアプローチしていきたい。

　今日，国家の枠を超えてグローバリゼーションが進行している。それは政治や経済の領域だけの問題ではない。問題は，身近な消費生活や，文化のさまざまな分野にも及んでいる。米資系のハンバーガー・ショップが日本各地に進出し，子どもと若者を中心に，日本の食文化を変えようとしている。反対に，「SUSHI」はすでに世界の食文化の一部になっている。こうした食の文化の"国際化"にみられるように，グローバリゼーションは，世界の文化を多様化すると同時に，一様化もしている。国家の仕切りは，やすやすと越えられているのである。

　そうしたグローバルな変動が起きるなかで，「国民の形成」の意味と意義も再検討を迫られずにはおられまい。

　その一方では，さまざまな理由で，どこの国家にも帰属できない人々が，世界には確実に存在している。そういう"難民"の受け入れに，日本では高いハ

ードルが設けられてきた。それが日本の実状である。グローバリゼーションが進行するなかでも，自国の利益と文化の保全をはかるナショナリズムの傾向は，依然として強い。

　自国中心主義は，「日本の農業を護れ！」的な標語が示すように，産業の分野に表れているだけではない。教育の領域でも，「伝統と文化」が教育課程に取り込まれ，「武道」が必修化されたりしている。それは，世界共通言語としての英語への関心の高まりと，際立ったコントラストをなしている。このことに関して，国際化の時代だからこそ，世界に通じるツールを身につけさせるとともに，日本の伝統文化をしっかり教えておかなければならないという意見もありえよう。しかし，そうした両論併記的な説明で満足してしまうまえに，一度，問題の核心をしっかり析出しておく必要がある。グローバリゼーションとナショナリズムが交錯するなかで，「国民国家」の存在意義自体がいま問われている。このことを注視するならば，「国民の形成」は，学校教育の課題として，その根源から問い直されなければならないであろう。

　本書は，この講座のほかの巻と同じように，三人の執筆者が担当している。それぞれの守備範囲をあらかじめ示しておこう。

　宮寺が担当する第1章は，本書全体への導入として，教育の国際化が進み，多文化主義の教育が現実の課題となるなかで，国民形成の課題が，「失われた10年」を挟んで，平等性に価値がおかれた段階から優秀性に価値がおかれる段階に転回していることを，イギリスでの見聞をまじえてエッセー風に述べていく。

　平田が担当する第2～4章は，まず第2章で，そもそも「国民国家」とは何なのか，その基本的構造と歴史的展開を概観し，「国民」になる／であるとは，どういうことなのかを論じていく。ついで第3章では，「日本」や「学校」「教育」といった概念を，その来歴とともに考察し，その実定性と自明性を歴史的に問い直す。そして第4章では，近現代の「国民国家」としての日本において，学校教育が「国民の形成」とどのように結び合ってきたのか，時期区分を試みながらたどっていく。

岡本が担当する第5章では，学校教育が果たしてきた国民形成の様相を，第二次世界大戦以降の社会状況に照らして整理していく。とくに，歴史教科書の内容の推移に着目し，「国民社会」の再建が求められた1950年代と，「世界社会」との接続が求められた1980年代との間で，学校教育の社会化機関としての意義に転換が生じたことを示していく。また，1980年代以降の「内なる国際化」に着目し，学校教育が前提にしてきた「文化的に均質な児童生徒」という想定が揺らいでいることを明らかにしていく。

　三人がよって立つ専門分野と見地はそれぞれ異なるが，グローバリゼーションとナショナリズムとが交錯する今日，「国民の形成」が根源から問い直されなければならないという思いは，共有している。

　2012年9月25日

著者代表　宮寺　晃夫

目　次

監修にあたって

まえがき

第1章　現代の国民形成とその重心移動－文化から経済へ――――――9

第1節　文化・国民・教育　9
第2節　学校の「多文化」化　10
第3節　学校教育の将来像　12
第4節　認知と感情　13
第5節　多元的社会　14
第6節　プルーラリズム　16
第7節　国民形成の転回　18
第8節　イギリスの教育改革　21
第9節　エクセレンス　22

第2章　問題系としての「国民国家」――――――24

第1節　「国民国家」と向き合う－問いの地平と語りの磁場　24
第2節　「国民国家」を解剖する－視座・歴史・構造　29
第3節　「国民国家」はなくなるか－グローバル化の両義的展開　37

第3章　「日本」「学校」「教育」の概念系――――――47

第1節　「日本」という「国家」の自画像－前近代へのまなざし　47
第2節　「学校」と「教育」の系譜学－歴史的想像力という臨界　58

第4章 「学校/教育」システムの近現代史─────────70

第1節 日本の「国民」はどうつくられてきたかの時期区分　70
第2節 「学校/教育」の制度化と「国民」の創出－1870年代～1910年代　71
第3節 「学校/教育」の普遍化と「国民」の更新－1920年代～1970年代　80
第4節 「学校/教育」の再構成と「国民」の省察－1980年代～現在　92
第5節 二つの理念的・原理的な課題　104

第5章 教育的知識の変遷と〈国民社会〉の位置─────────114

第1節 〈国民社会〉の位相の再建　114
第2節 社会化としての国民化　124
第3節 〈世界社会〉の位相への接続　131
第4節 日本社会の多文化化と学校教育の変化　140
第5節 「国民」とジェンダー　148
第6節 〈国民社会〉相対化以降の教えと学び　155

索　引　167

第1章　現代の国民形成とその重心移動
　　　―文化から経済へ―

第1節　文化・国民・教育

　簡潔に,「教育とは文化の伝達である」と定義しておくならば,学校教育の使命は,自国の文化を子どもたちに伝えることである。それによって,子どもたちを国民として形成していくことである。

　もちろん,ここでいう「文化」とは,いわゆる芸能や文学などの芸術作品や,歴史的な文化財などを狭くさすものではない。「文化」は,人々の生き方や考え方,慣習や習慣,さらには日常のマナーや所作などを広くさしている。通常,文化は民族を単位としてくくられ,それを母体として国家は存続している。

　文化はそれぞれが独自なものであり,互いに特殊なものである。この差異性と多様性が文化の特徴である。それだからこそ,文化間の相互理解と尊重が,また相互交流の重要性が認識されてきた。"ご飯"を箸で食べる文化と,"ナン"を素手で食べる文化は,どちらも独自なものであり,「どちらが価値が上か」などといった問題は起こりえない。日本語でなければ味わうことができない文化があるように,ベンガル語でなければ考えることができない文化もあるはずである。というよりも,言語そのものが文化の一部であり,文化を内側から支えている。わびとさびの文化は,「わび」と「さび」という言葉があってはじめて成り立つ。言語なしには文化は意味の支えを失う。

　同じ文化圏に属する人々にとって,文化は自分たちのアイデンティティ（同一性）をつなぎとめる共通項である。近代において成立した国民国家も,単に権力的な統治機構だけによって維持されてきたわけではない。固有の文化を保

有していることを訴えながら，自らの正当化を図らなければならなかった。

　文化は，教育なしには世代から世代に伝わらない。教育も，特定のなにがしかの文化をふまえなければ営めない。この特定の文化を，国家は知識や教科や教材に加工し，学校教育を通じて伝達してきた。これにより人々を国民として形成してきた。このようにして，文化と国民との間には一対一の対応関係がつくられてきた。それを仲立ちしてきたのが国家による学校教育である。

　しかし，このつくられた対応関係は，必ずしも必然的，固定的なものではない。それは，次のように自問してみればわかることである。「自分たちの国家の文化は，大昔から，一枚岩のように変わることなく伝えられてきたものであろうか」と。もちろん，そういうことはない。わたしたちの国の文化は，さまざまな文化圏から到来したものであり，それらが地層のように堆積してできている。文化の堆積は今も続いている。日本という国家のなかには，さまざまな文化が折り重なっている。

　そうした多文化的な状況が，急展開しているのが現代である。その結果，自国の文化の自明性は失われ，「文化の伝達」による「国民の形成」という学校教育の定義も，加筆が迫られている。本章では，「プルーラリズム（多元主義）」の考え方に従った学校教育の組み替えについて述べていきたい。また，多文化的な状況を超えて，効率第一主義の経済の論理が「国民の形成」を無化しかねない状況についても，注意を向けていくことにしたい。

第2節　学校の「多文化」化

　学校教育が，今後おかれるかもしれない状況について，次のように"近未来"のストーリーを描いてみよう。これらの場面Ｉから，場面Ⅵのうち，リアルなイメージを思い浮かべられるのはどこまでであろうか。

> 場面Ｉ　共通言語を喋れない外国籍の子どもが，編入学を希望してきた。学校では，その子の受け入れをめぐって，何回か職員会議で話し合った。その結果，「指導上難しい面も予想されるが，在学生に良い刺激ともなるので編入学を認める」こ

場面Ⅱ　ところが、入学してきたその子は、カリビアン系の黒人であった。難しいのは、その子の学習指導だけではなかった。全校の児童・生徒を対象に、人種差別問題の学習を指導することも必要であった。指導法の開発に、全校を挙げて取り組むことになった。

　場面Ⅲ　評判を聞きつけて、文化的背景の異なるさまざまな人種の子どもが、校区内に移住してきた。学校では、対応策として、全校の収容定員に空きがあるかぎり受け入れることにした。

　場面Ⅳ　編入学の希望者は増えつづけた。やがて収容可能な限度枠を突破し、編入学の希望者についてはなんらかの選抜をせざるをえなくなった。しかし、選抜は技術的に難しいだけでなく、制度上も問題であることがわかった。同じ校区に住んでいる以上、人種や国籍だけで選抜の対象にすることはできないからである。そこで方針を転換することにした。「原則として、希望者全員を入学予定者として受け付ける」ことにして、隣接する校区との線引きの見直しを教委に申し出た。

　場面Ⅴ　たちまち、児童・生徒の人種と国籍は多様になった。それにともない、言語・習俗・習慣の違いが、そのままのかたちで学校に入り込んできた。共通言語の補充指導にあたる教員のやりくりが必要になった。

　場面Ⅵ　ついに、外来の児童・生徒が多数派となった。在来の児童・生徒の親の間で、子どもの基本的生活習慣の乱れと、学力の低下が深刻な問題になり、転校を希望する者もでてきた。教師は引き留めにかかった。それにもかかわらず、転校者があいつぎ、このままいけば、外来の児童・生徒の専用の学校になりかねない事態となった。

　外来生が在来生に入れ替わるという結末は、できすぎた作り話に思われるかもしれない。しかし、これは単なるフィクションではない。筆者がすでに1980年代にイギリスのロンドンで目にした事例をモデルにしている。ロンドンばかりでなく、先進諸国の大都市では、外国からの移住者がダウンタウンに集中的に住み着いている。それは、"インナー・シティ問題"と呼ばれるさまざまな軋轢の原因ともなっている。そうした地域では、当然、学校はマイノリティ集団の混じり合う空間になっているが（場面Ⅴ）、多くの都市では、人種の

棲み分けが進み，結果として学校の人的構成に人種の偏りが目立つようになってきている（場面Ⅵ）。

アメリカのボストンでは，公立学校は子どもを人種の区別なく受け入れる「統合学校（インテグレイテッド・スクール）」でありながら，白人層が子どもを入学させないため，「事実上の分離学校（セグリゲイテッド・スクール）」になってしまったところもある。

第3節　学校教育の将来像

これに類する場面が，やがて日本でも現実問題になるかどうかが問題なのではない。ここで考えたいのは，今わたしたちが上記のような場面を，ありうる学校像として，今どこまでリアルに描けるかどうかである。わたしたちの構想力が問われているのである。

例えば，場面Ⅴのような状況はどうであろうか。場面Ⅴの学校では，統一した生徒指導の方針を維持するには，相当な指導力が必要であろう。特定の文化を，すべての児童・生徒に一律に伝達していこうとすれば，教材研究にかなりの時間が割かれるであろう。

また，自国の文化の優先性を確信し，それの伝達を学校教育の使命とするかぎり，場面Ⅴの学校では，子どもたちへの文化的な同化策が強行されることになるであろう。しかし，言語や習慣の特殊性と多様性を，ちょうど肌や髪の色のそれと同様に，本来的に尊重されるべき属性とみなすならば，子どもたちの雑多にみえる文化的多様性は，無秩序とはされない。むしろそれは，これからの学校像を構想する際，前提としていかなければならないことである。

これまでも，多様性の尊重は，「一人ひとりの個性に従って」という名目で，教育原理の一つとされてきた。しかし今重要なのは，方法原理としての多様性の尊重だけではない。多様性は，教育の目的原理としても据えられる必要がある。多様な文化を，それぞれ価値的に対等なものとして扱うということである。そういう構想力が求められている。

同じ国内に，さまざまな民族，人種が移り住むようになるにつれて，文化のくくりは多様化していく。それにともない，どれか一つの文化に優先順位を与えるのが，将来的には困難になっていく。というより，これまで「自国の」と特定されてきた文化に優先順位を与えることは，無前提では許されなくなっていく。これは，「文化の伝達」としての教育の定義に修正が求められるだけでなく，「国民の形成」と「自国文化」との関係についても見直しが迫られるということである。子どもたちを，文化の多様化の流れに参加させるような教育が，今後求められていくのである。

　20数年前，1980年代の半ばに，筆者の娘は日本の幼稚園の年長組から，イギリスのプライマリー・スクールの2学年に転校した。ちなみに，イギリスでは5歳入学制が一般的である。入学したその日に，娘は担任から，「好きなネコの絵を描こう」と指示されたが，彼女はその"キャット"さえわからず，画用紙に大きな花の絵を描いてしまった。その絵を，担任は壁面の中央に張り出し，"Keiko did a lovely painting !"と添え書きを付けてくれた。その周りを同級生の"キャット"の絵が取り囲んでいた。

　異国の転校生を，子どもたちの中心に据え，学校の文化をつくりなおしていく。そのすばやさに感心したことが想い出される。

第4節　認知と感情

　どの文化も，ほかの文化に対して優先性を主張することができない。単一の基準で，価値の序列を競うこともできない。文化の相異は，文明の等級に還元することができないからである。それは国家どうしの間だけではなく，人種の間でもいえることである。そうであるから，まずそれぞれの文化を知り，絶対的な相異を理解することからはじめなければならない。

　しかし，異文化理解だけでは，多元的な社会の構成員を形成することにはならない。「国民の形成」は，認知のレベルだけで完結する課題ではなく，感情レベルの課題も含めなければならないからである。国民としてのアイデンティ

ティの形成に，しばしば「共同体感情」が動員されるのはこのためである。それが偏ったナショナリズムを育ててしまう危険性をはらんでいることは，すでに指摘されている[1]。しかしその反面，政治の場面でも，合意形成に「感情」への配慮がともなわないと，お互いを真に平等に扱ったことにはならないという指摘もなされている[2]。

　国民としてのアイデンティティの形成は，認知と感情の両面からはからなければならない。多分に危険性をはらみ，非合理性も含みながらも，認知と感情とは切り離すことができない。そこに，学校教育における「国民の形成」の課題と問題性がある。

　宗教への帰依に，人間としての尊厳の最大の根拠をおく人がいる。そういうマイノリティ集団の子どもを含めて，多文化が同じ空間に混在するとき，学校教育の使命は単純には描けない。第一，学校は教育の目的も内容も，多数者の文化から汲み上げることができなくなる。そのようなとき，文化と国民形成との関係はどのようにみていけばよいのであろうか。

第5節　多元的社会

　わたしたちには，「国家」と「文化」をワンセットの組み合わせと受け取る習性が，まだ相当に根深い。例えば，典型的なイギリス人といえば，当然のことのように，英語を喋り，白い肌をして，キリスト教を信じ，などと考えてしまう。しかし，英語だけを公用語としない地方がイギリスにはある。英語（イングリッシュ）とは，イングランド地方の言葉という意味で，ウェールズ地方では，駅名から掲示板まで，すべてウェルシュとイングリッシュの二語で書かれる。これはまさしく「二語」であって，「二ヶ国語」ではない。国家のくくりと言語のくくりは，一対一に対応しない。

　言語的な同一化をはかることによって，国民の統合を進めようとする企ては，カナダのケベック州での事例や，アメリカのカリフォルニア州でのバイリンガル教育をめぐる政争をみても，今日なお，最終の決着をみていないことがわか

る。社会の多人種化，多宗教化，多文化化への対応は，言語自体の多様化を含めて検討していかざるをえない。それは，文化の伝達による国民の形成という学校教育の課題を，ますます複雑にしている。

　ロンドンの中心部，インナー・ロンドンの公立校では，子どもの肌の色は多彩である。仮に分類すると，白と黒とブラウンと黄の比率は，ほぼ3：3：3：1になる。白の比率は確実に低下している。一部の外国人季節労働者の子どもを除けば，ほとんどすべてがイギリスで生まれた子どもである。おそらく，子どもたちの多くはこのままイギリスで暮らし，この国を支えていく。この意味で，この子どもたちは正真正銘のイギリス人である。仮に，単一の「イギリス国民」なる実体を想定するとしても，それは民族的にはきわめて抽象度の高い存在にすぎない。イギリスの実態は，マルチ・レイス社会であり，マルチ・カルチャー社会である。それだけに，"カラード"と呼ばれる有色人種系の子どもを含めて，「国民の形成」を設計するには，「文化の伝達」以前に，文化の仕切り方に関する困難な課題に取り組まなければならない。

　筆者の娘と息子は，ロンドンでも"オール・ホワイト"地区とされる郊外の公立のプライマリー・スクール（5～9歳児を対象）とミドル・スクール（10～15歳児を対象）に入学した。"オール・ホワイト"とはいえ，マルチ・レイス社会であることには変わりはなく，ただ白人の比率が圧倒的に高いだけである。娘のクラスに，肌の色がブラウンの子がいた。その子の母親は，自分の娘のことについてこう言っていた。

　「わたしは娘に，『お前はホワイトの一員だよ。心配することは何もないよ』と話しています。娘も，安心して学校に行っているようです。」

　別のときに，その子の父親からこう聞かされた。

　「わたしは娘に，『お前はブラックの一員だよ。誇りをもって生きなさい』と言いつづけています。ここは，オール・ホワイト地区だから，よけいにこのことをしっかり言っておく必要があります。」

　いわゆるミックスト・レイス（人種混合）の子どもは，身元が真っ二つに裂かれ，アイデンティティ危機におちいりやすいといわれてきた。それが，学業

不振や問題行動の原因となると指摘する研究も出されてきた。しかし，ブラウンの子どもは，数からいってももはや例外的な存在ではない。彼ら／彼女らは，親たちのように，自分たちが「ホワイト」か「ブラック」かで悩むことはあまりない。自分たちのアイデンティティを，お仕着せの二者択一で決定しようとは思わない。彼ら／彼女らは，「自分たちは何者か」の問いに，きっぱりとこう答えるまでになっている。「自分たちは，ブラウン以外の何者でもない」と。

　人は，自分のアイデンティティを，何か安定した実体につなぎとめようとしたがる。民族，文化，国家がその役をになってきた。しかし，それはあくまでも民族，文化，国家の組み合わせがはっきりしているときの話である。そうでない場合，とくに複数の文化に同時に所属するような場合，子ども個人のアイデンティティの確立は一筋縄ではいかない。子どもたちの国民としてのアイデンティティをつなぎとめる実体を，どこに求めるかも問題となる。マルチ・カルチャー社会では，文化そのものが動いており，増殖している。どの文化に，子どもをつなぎとめるか。この選択に迫られる。

　しかし，既成の文化の仕切り自体を解体することで，アイデンティティの確立をはかることもできる。そうした可能性を「ブラウン」世代は切り拓いてきた。

第6節　プルーラリズム

　世界の社会・経済体制の仕切り自体が，急速に取り払われてきている。それは，物の交易，人の交流ばかりではなく，生き方，考え方の混じり合いに，いっそう拍車をかけずにおかない。生活や文化の違い，思想や主義の違いは，もはや国家や体制単位で仕切られるものではなくなっている。それぞれの国家，それぞれの社会は，さまざまな分野での違いや対立を，そのまま内部にかかえ込まざるをえない。それを，自分たちの問題として解決していかなければならない。そういう時代がすでに到来している。

　内部的に違いや対立があるという事態を，乗り越えるべき問題とするのでは

なく，歓迎すべきこととまではいわないまでも，必然的なこととして受け入れる考え方がある。それは「プルーラリズム」と呼ばれる。直訳すれば複数主義である。この考え方に従うと，社会は，多元的な価値観を多様に包含しながらも，価値の共通の枠組みを築いていけば，統合性を保っていくことができる。そういうプルーラリズムの社会を実現していくために，学校は多元的で，しかも統合された価値の生産場として位置づけられる。

イギリスでは，プルーラリズムの考え方に基づいて，1985年に重要な報告書が教育大臣に出された。正式のタイトルは『すべての子どものための教育——人種的マイノリティ集団の子どもたちについての委員会報告』(1985) がそれである。審議会の委員長の名前をとって，『スワン報告』(1985) と呼ばれている。

『スワン報告』は，「英語という言語は，イギリス人であることの中心的な統合要因であり，この社会の完全なメンバーとして，平等な条件で参加するための鍵である」としつつも，「プルーラリズムの社会に対応する学校はどうあるべきか」という主題に関して，次のように提言している。

> 「わたしたちの社会のような多元人種社会は，実際にプルーラリズムをベースにしたとき，はじめてもっとも効果的，調和的に機能するものである。プルーラリズムは，共通に受け入れられる価値・実践・手続きの枠組みの範囲内で，全体としての社会の形成に，少数派，多数派を問わず，あらゆる人種のメンバーが，充分に参加するのを可能にし，期待し，促進する。いうまでもなく，この共通の枠組みの範囲で，少数人種の社会が，自分たちの人種のアイデンティティを保有するのは，許されるし，必要なら援助される。」

それぞれの人種に，それぞれ固有の文化とアイデンティティの継承を認めながら，社会は，全体としてなんらかの「共通の枠組み（コモン・フレイムワーク）」によって維持されている。問題は，その枠組みを，どのような原則（ルール）によって築こうとしていたのかである。

上述のように,『スワン報告』は,英語という言語を,すべての人がイギリス人として社会に参加していくための条件としていた。この条件は,平等に保障されなければならないと勧告されている。筆者の娘と息子は,『報告』が出された翌年にイギリスのプライマリー・スクールと,ミドル・スクールに入学した。それだけに,勧告の恩恵に十分浴した。
　しかし,言語はそれぞれの文化に固有な構成要素ではあるが,それ自体は社会参加への条件の一つにすぎない。重要なのは,そうした社会参加への諸条件を平等に保障することである。この平等性（イクオリティ）を「共通の枠組み」としていく社会を,『スワン報告』はプルーラリズムの社会として展望したのである。
　プルーラリズムの社会では,異なる宗教・人種・思想などの間で,相互の違いを認め合いながら,しかも同じ社会の平等な構成員として,共通の枠組みの維持と存続に責任をもたせていく。学校教育は,もはや文化の伝達だけでは課題をはたせない。さまざまな文化が併存する多文化の空間のなかで,生活をともにするという日常的な体験を通して,価値を身につけさせることが重要である。平等性という価値は,お互いがお互いを平等に扱うという体験のなかでしか,習得されないものである。

第7節　国民形成の転回

　「多文化」化が進むなかで,「国民の形成」は,多様な文化の違いを,認知と感情の両面から受け入れさせることによってなされていく。それを『スワン報告』は,「プルーラリズム」の名のもとで,新たなモデルとして提示した。プルーラリズムに基づく国民形成の特徴は,平等性を,文化の違いを超える共通の枠組みとするところにある。しかしこのモデルは,「失われた10年」といわれた1990年代をはさんで,別のモデルへと大きく転回していっている。
　日本でも,バブルといわれた経済の好況が頂点に達したのは1980年代であった。そのあと,1990年代は経済のデフレ状態がつづき,政府がどんなに積

極的な活性化策に打って出ても，景気は回復することはなかった。この10年間に，公共事業の民営化があいつぎ，市場経済に投げ込まれている。

　この「失われた10年」の1990年代に，公共事業から切り離され，公共性を失った事業は金融，交通，通信，交易など社会の基幹部門に及んでいる。それが人々の生活に与えた影響は計り知れない。教育の部門もそうである。日本では，1980年代後半の臨時教育審議会（臨教審）で「教育の自由化」をめぐり論議がなされた。それは，教育をも自由化＝規制緩和の対象とするものである。通学区制の弾力的運用などを皮切りに，次々に自由化策が日程に載せられてきている。

　「失われた10年」をはさんで，日本の教育は大きな変貌をとげている(3)。それにやや先行して，イギリスでも日本と同様に，いや日本以上に徹底した転回が教育にもたらされている。その契機は，「1988年教育改革法」によって与えられている。それによって，各学校の教育方針は，平等性から自由化へと大きく方向転換した。インナー・ロンドンの学校の様相も一変している。それまで，その地域の学校は「平等性（イクオリティ）」を教育方針として掲げ，どの文化に属する子どもをも差別しないことを，指導の重点項目に挙げていた。それが「優秀性（エクセレンス）」に切り替えられ，どの学校でも，教育水準の向上に取り組み，一人でも多く優秀な生徒を輩出していこうとしている。

　日本もそうであるが，イギリスでも，「失われた10年」の間は教育改革に追われて，学校の現場は「失われゆくもの」を惜しんでいる余裕がなくなっている。「失われた10年」が一段落したあとの2002年，筆者は15年ぶりにインナー・ロンドンの公立の小学校を訪問する機会をえた。そこで目にしたのは，すっかり様変わりしていた学校風景である。

　予想どおり，インナー・ロンドンの学校周辺の住環境は，難民（レフュージー）の流入などにより，社会にうまく適応できない人や，定職を得られない人によって占められ，貧困化ばかりでなく，多人種化・多宗教化・多文化化の傾向をいちだんと強めていた。多くの子どもはそこから通ってくる。そうした子どもを受け入れる学校は，15年前と比べて，いっそう困難な状況におかれていた。

ところが，学校の内部は，意外にも整然と秩序立てられていた。それは，教えられている教科内容といい，教えている教師の取り組みといい，15年前とは比べものにならないほどであった。入口近くの廊下には，学力試験の結果が，学区内の学校ごとに掲げられており，この学校がかなり実績をあげていることが示されていた。15年前のインナー・ロンドンの学校では考えられない光景である。これは，いったいどういうことなのであろうか。

　授業の参観を終わったあと，校長先生にインタヴューに応じてもらった。それを一部再現してみよう。

問い　本校は，過去3年間で，成績がドラスティックに上がっています。その理由はどこにあると思いますか。

答え　(職員録，教育基準局の視察報告，学校教育方針などを示しながら）その理由は，学校の質，年間計画の立案システム，組織としての意欲，親の関与，行政機関の援助が，いずれも良くなったことにあります。

問い　本校は，この学区の典型的な学校といえますか。

答え　いえます。ただ，他の学校と比較して，キー・ステイジⅠ（5～7歳）の成績は良くありません。それは子どもたちがそれぞれ異なる言語をもっており，さまざまな文化的背景をもっているからです。しかしキー・ステイジⅡ（7～11歳）に進むと，成績はエクセレントになります。とくに国語と理科ではそうです。

　この地域の環境には，たしかに容易ならざるものがあります。殺人があり，ドラッグ問題がありなど深刻です。しかし，優秀な教師がえられ，多方面の人々から援助がえられるようになったおかげで，高い水準を示すことができるようになりました。学校をめぐって軋轢も起こらなくなりました。

　学校を取り巻く環境の厳しさとは裏腹に，子どもたちはエクセレントな成績をおさめている。そのことに，校長先生は満足しているようだった。たしかにこれは，教育の自由化改革のなかで，成果を出した学校の事例である。教師たちに求められていたのは，周囲の学校に負けずに，「エクセレントな成績」を達成することであった。

第8節　イギリスの教育改革

「鉄の女」などといわれ，長期にわたり保守党内閣を率いてきたマーガレット・サッチャーが，同じ保守党のジョン・メージャーに首相の座を譲ったのは，「失われた10年」が始まる1990年のことである。メージャー首相は「1988年教育改革法」をうけて教育の自由化改革を推進していった。改革の基本方針は，メージャー政権のもとで出された教育白書『選択と多様性――学校の新たな枠組み』(1992) のタイトルにも掲げられているとおり，「選択と多様性」を尊重することである。しかし，ここでいわれる「多様性」（ダイヴァーシティー）は，これまでロンドンをはじめ都市の内部で人種や宗教などをめぐって問題にされてきた多様性とは，だいぶ捉え方が違っている。多様性は，もはや価値として前向きに受けとめられてはいない。そのことは白書『選択と多様性』のなかに盛り込まれた，次のような認識をみてもわかる。

「教育の供給における画一性は，子どもはすべて基本的に同じ者であり，地域社会は本質的に同じ教育的ニーズをもっている，という前提に立っている。現実には，子どもは異なるニーズをもっている。教育の供給は，地域の状況と個人のニーズにもっと噛みあっていなければならない。それだからこそ，われわれは教育における多様性に関与していくのである。」

ここでは，「人々のニーズの多様性」がことさら強調されている。そのことに注意しよう。人々のニーズは，地域ごと，親ごと，子どもごとに違っている。家族の資産が違うように，人々のニーズも異なっている。だから人々は画一的に扱われるべきではない，だから多様な教育を用意しなければならない，だから選択させることが必要なのだ，とされるのである。

しかし，どこまでの多様性が許容されるかは，言説のヘゲモニー（主導権）を握る者に占有されている。「人々のニーズ」といわれるものの中身は，実際

には，人々がはじめから保有していたものではない。すべての人のニーズがそのまま充たされるわけでもない。誰に，どのようなニーズを振り分け，ほかの人に別のどのようなニーズを振り分けるかは，政策的に決められることである。そうした政治的な振り分けの過程が伏せられたまま，もっぱら，どのように効率よく教育を分配していくかという，効率性第一主義の経済の論理で政策が立案されている。親による教育の選択（ペアレンタル・チョイス）は，政策の実施過程の効率性を高めるために，動員されたものである。

白書『選択と多様性』によれば，親の教育選択が重要視されるのは，子どもの利益を「一番よく知っているのは親であり」，親による選択は学校改革の「パワフルな道具」だからである。「より多くの生徒をひきつけた学校に，より多くの予算配分を」するのは，教育成果を効率よくあげさせるには必要なことである。これは，民活方式による公共事業の効率化の教育版である。

国民大衆のニーズと利益の代弁者をよそおいながら，実際にはそれらのニーズと利害そのものを創出し，誘導していく。そうした国民大衆を巻き込んでいくポピュリズムに加勢を求めながら，教育改革は進行していった。「国民の形成」が，効率第一主義の経済の論理に主導されていく道が開かれたのである。

第9節　エクセレンス

1997年の総選挙で，労働党のトニー・ブレア党首は，国家の建て直しにとって重要なことは三つあるとして，「その第一は教育であり，第二は教育であり，第三は教育である」と訴えた。このように教育の重要性を前面に出して，労働党は選挙戦に圧勝し，1979年以来久々に政権に返り咲いた。政権の座について，新しい労働党（ニュー・レイバー）がいちはやく出したのが教育白書『学校における優秀性（エクセレンス）』(1997) である。

労働党といえば，かつて1970年代に，中等学校の総合制化を推進するなど，子どもたちの多様な志望を，同じ教育空間で平等に充たしていくことをめざしていた。その労働党が，保守党が着手した「教育の自由化」の教育改革をその

まま受け継ぐことになったのである。新しい労働党は，学校を，子どもたちがそれぞれ「成功をなしとげる（アチーヴィング・サクセス）」の場所としてつくり変えようとしたのである。2002年に筆者が目にした学校風景は，それを忠実に反映していた。

 この学校風景は，イギリスだけのものではない。日本においても，学校が，子どもを労働市場に送り出すための"スプリング・ボード"とみなす傾向が強まっている。それは，教育と職業とのつながりに関心が集まっていることに，端的に表れている。そうしたなかで，学校教育が，「国民の形成」の課題を今後どのようにはたしていくことになるのか。次章以降の分析で，さらに考えていくことにしよう。　　　　　　　　　　　　　　　　　　　　【宮寺　晃夫】

注
（1）　ベネディクト・アンダーソン／白石隆他訳（1997）『想像の共同体―ナショナリズムの起源と流行（増補）』NTT出版。
（2）　マイケル・ウォルツァー／斎藤純一他訳（2006）『政治と情念―より平等なリベラリズムへ』風行社。
（3）　この主題については，本講座別巻の『現代教育の思想』（宮寺晃夫・小玉重夫・丸山恭司）で詳しく述べるところである。

第 2 章　問題系としての「国民国家」

第 1 節　「国民国家」と向き合う―問いの地平と語りの磁場

1　「国民国家」をどう問うか―そこで生きて語る

　人が「国民／市民」あるいは「外国人」として生きることが自明視されている今日,「無国籍」というイシューは,いわば全体社会の死角に追いやられ,大多数の人々にとって日常的に意識されることはない。各国政府もその課題解決には概して消極的だから,「無国籍」者はあらゆる場所で見過ごされてしまう,いわば〈忘れられた人々〉であるといってよい。

　国連難民高等弁務官（UNHCR）によると,正確な人数はわかっていないが,世界には 1200 万人もの「無国籍」者がいるといわれており,国境越えを強いられて難民となる人々は増大している。法務省入国管理局によれば,日本にも 1200 人余が在住していることになっているが,これは適法な在留「外国人」として把握されている「無国籍」者数であり,実際は不法滞在の状態におかれている数万人がいるといわれている[1]。「国民国家」が変動する世界を覆い,「グローバリゼーション」が人を吐き出し・飲み込みつづけるなかで,その〈はざま〉に落ちて「無国籍」となる人々は,今後も輩出されると考えなければならないだろう。

　この章では,まず「無国籍」問題を導きの糸にして,「国家」とその構成員の関係がいかなるものかを確認し,そもそも「国民国家」とはいったいなんなのか,その基本的構造と歴史的展開を整理して概観する。そして現在進行中のグローバル化のなかで,「国民国家」がどうなっているのかについても注視し,考察を加えることにする。このことは,学校教育を論じるに先立ち,どうして

も押さえておきたい視点・枠組みである。

　ここでは，あえて個別性・具体性にわたる議論を避け，できるだけ一般化・抽象化を図りながら，「国民国家」のいわば原理論的な解剖学を試みたい。いうまでもなく「国民国家」は，歴史的には一つの国家形態であるとともに，いずれの「国民国家」も特定の「国民国家」である。個々の「国民国家」によってその経験や形象は異なるから，そこを軸足にして実証的に議論を進めることは重要だし，そこからしか見えてこない世界があるのはたしかである。その意味では「国民国家」を包括的・総体的に，いわば丸抱えするような議論は一見すると乱暴であり，その多様性を捨象してしまう危険性がつきまとう。

　しかしながら，「国民国家」とは，自らが自らをつくり出していく権力空間である。「『外からは個別的かつ内からは普遍的』であることこそ，国民国家の本来の姿」であり，そこに「国民／市民」として住まう人々の思考と行為を強固に規定し，そのあり方を自然視するような「閉じた自己産出的システム」をもっている（佐藤　2008：6章）。それは知の制度から日常の生にいたるまで，わたしたちを陰に陽に拘束・呪縛しているのだ。それゆえにまずは，これまでの主だった議論を参照しながら，そのカラクリを解き明かし，その面妖なる正体を見極めたい。いうなればメタレベルの議論から出発し，「国民国家」との向き合い方・付き合い方をひとまず心得たうえで，個別的・具体的な事例にそくした議論に入っていこうというわけである（以下，本文中の文献表示は簡略にとどめる）。

　すでに，国民国家論が活発に展開されて久しい。それは「国民国家」を対象化・相対化して批判的に問い直し，その歴史的な構築性や社会的な不条理を鋭く暴いてきた。それはグローバル化の進行とも親和的で，知の制度と生産においては，近代のディシプリンが囚われてきた「方法（論）的ナショナリズム」からの脱却が模索・構想されるようにもなっている。この方法（論）的ナショナリズムとは，どの学問分野でも専門的・体系的に普遍性を追求しながら，無自覚のうちにナショナルな枠組みを所与の前提としてきたことをいう（伊豫谷　2002：はじめに，U. ベック　2002 = 2008：1章）。

だが,「国民国家」に生きて語ろうとするとき,そこには思わぬ落とし穴も待ち構えている。例えば,筆者が「国民国家」をいかにアカデミックに論じ,その知の地平から批判的な乗り越えを図ろうとしても,それは「国語／日本語」というナショナルな共通フォーマットの学習・理解・操作に依存せざるをえないのだ。つまり,その通用範囲あるいはアクセス権者にしか訴えかけず,それ以外は自ずから相手にしない・できないということである。それは好むと好まざるとにかかわらず,「国民国家」の住人として生かされ・生きている証しにほかならない。

 ここには抜き差しならないアポリアが潜んでいるが,少なくとも,そのことに無頓着・無関心でいるとき,わたしたちが「われわれ」という名のもとに,知らず知らずのうちに見知らぬ他者を「彼／彼女ら」として抑圧・排除していることに気づくことはないだろう。傍観者的な態度をとりつづけることは,その無垢な当事者でありつづけることを意味する。それは,ここでいう「国民国家」の「自己産出的システム」に回路をもつのであり,「無国籍」者というのは,「われわれ」というナショナルな主体が構造的に抑圧・排除している,不可視化された他者の表象の一つにほかならないのである。

2 「無国籍」という問い―〈はざま〉から考える

 さて,ひと口に「無国籍」といっても,その発生要因や様態はさまざまだが,ほとんどの場合,個人の意思を超えた政治・経済・社会上の変動や国際情勢,「属血主義（血統主義）」と「属地主義（出生地主義）」に大別される,各国国内法の国籍原理の異同が関係している。国籍とは,第一義的にはそれぞれの「国民国家」の成員資格であり,「無国籍」とは,そのいずれの国のメンバーシップも法的に有しない,あるいは実質上欠いている状態にほかならない。国籍が偶然的・運命的というべき「生まれ」によるとすれば,「無国籍」はあえていうなら,誰でも引くことのありうる〈ハズレくじ〉のようなものである。

 国際法上においては,すべての人の「国籍をもつ権利」を明記した世界人権宣言（1948年）以降,「無国籍」に関する国際条約や人権条項があいついだが,

個別国家の主権性と普遍的とされる人権規範の間のジレンマは，いまだ根本的な解決にはいたっていない。いずれの「国家」からも「国民／市民」としての権利や保護や自由を認められず，制度的・社会的な差別や暴力に苦しんだり，精神的なストレスをかかえる人々は少なくないのだ。ハンナ・アーレントによれば，「人間であるとは言っても，人間によって築かれ，人間の技によって考え出された世界への参画から締め出されている」—そういう存在なのである（H. アーレント 1968＝1972：5章）。

その名も『無国籍』と題した陳天璽の著作は，それが「プライベートな問題」だった彼女の半生を書き綴ったノンフィクションである。陳は「無国籍」者として生きるなかで，その辛酸や苦渋や悲哀を身をもって味わい，「国家」なるものとの関係に振り回され，「私は何人か」ということに悩みつづけることになった。彼女は1971（昭和46）年に横浜の華僑コミュニティに生まれ育ったが，1歳にもならないうちに「無国籍」となったのは，まさに当時の世界情勢を反映した国際関係の変化と両親が経験した近代以降の歴史に翻弄された結果といってよい。それは具体的に概観すれば，次のとおりである（陳 2005）。

すなわち，1972（昭和47）年の日中共同声明によって，日本は中華人民共和国を中国の「唯一の政府」と承認し，国交を回復するが，それにともなって，1952（昭和27）年に中華民国（台湾）との間で締結した日華平和条約の「終了」を一方的に宣言，こちらの国交は断絶する。ここに日本に在住する華僑の人たちは，「国籍をどうするか」という問題に直面したのである。

陳の父親は中国の黒龍江省，「旧満州」の生まれで「地主の家系」，母親は中国南部の湖南省の出身で，「二人とも戦争を経験した世代である」。詳しくは記していないが，日本の中国侵略，日中の全面戦争，中国の国共内戦を経て，それぞれが故郷を離れて台湾に渡り，ふたりは知り合って結婚。「向学心の強い」父親の日本留学を機に，家族が来日して移住したのは，「父は満州国の時代を経験しており，日本語が話せたから」であった。国籍問題を突きつけられたとき，一家は苦悩の末に「無国籍」となることを決断したが，「父にとって日本や中華人民共和国の国籍を取得することは屈辱以外の何ものでもなかった」し，

「母は最後まで『日本の国籍はとらない』の一点張り」であったという。

陳は，幼少期を「各種学校」にあたるインターナショナル・スクールと華僑の民族学校に通い，それから「日本人」がマジョリティである神奈川県立高校を経て筑波大学に入学，国際関係を学んで大学院へと進学し，アメリカや香港へ留学などしている。中国語と日本語，そして英語を身につけ，「世界を知りたい」と勉学に励むが，その著作からわかるのは，就学・留学・就職などの折あるごとに，「無国籍」の「外国人」であることの理不尽さに直面していることだ。

現在は日本の国籍を取得し，国立民族学博物館に勤務しており，グローバル化とともに複雑化する「無国籍」問題を研究しながら，「無国籍ネットワーク」を立ち上げて啓発と支援の活動を行っている（陳 2010）。国籍をもたないがゆえの生きづらさを実感し，それと格闘してきた彼女は，「個人と国家の関係」や「アイデンティティ」なるものを問いつづけ，次のように述べている。

「住んでいる国から『ノー』と言われ，生まれた国から『ノー』と言われ，親の国からも『ノー』と言われ，どこからも『あなたのことを認めない』と言われつづけると，冷静に対処する気持ちさえなくなる。自分の目の前に壁があって，横を向いても壁があって，それが上にも下にもある。何で生きているんだろうとさえ感じる気持ち。無国籍という現実には，そういう虚無感が存在しているのだ。」（陳 2005：240）

「人は本来，いろんな場所に愛着を持ち，いろいろな人によって支えられて生きて行く。だからアイデンティティも一元的なものではありえない。無国籍者として生きてきたこと，そして今，日本をはじめ各国にいる無国籍の人々と触れ合い，彼らの研究を通して学んだことがある。人はしばしば，育った場所に愛着を持ち，愛する家族，そして愛する人を支えに生きるものである。国籍を持つ人も，無国籍の人も，みな変わらず同じだ。」（陳 2005：248-249）

なぜ生きているのだろうとさえ感じる「虚無感」や，一元的ではありえないという「アイデンティティ」——陳がマイノリティとしての特異な経験から紡ぎ出した，このメッセージを，筆者自身を含めてマジョリティとしての「日本人」は，どのように受け止めるべきであり，いかにすれば心で結び合えるのだろうか。もし，そのメッセージにリアリティをもつことが困難だとすれば，それはなぜであり，なにに由来しているのであろうか。そもそも，こうしたマイノリティとマジョリティはいかなる関係にあり，その境界はそんなに固定的で，はっきりとしたものであろうか。

人はいう，他者とかかわるときには，「やさしさ」が大事だと。けれども「やさしさ」は，ともすれば一方的で主観的な，感傷主義に流れてしまう。それらの問いに向き合うために，さしあたりここでは，花崎皋平のいう「やさしさ」の思想をとば口にしておきたい。

花崎によれば，「やさしさ」とは，「疎外された社会的個人のありようを，共感という方法でとらえるときに生ずる感情」だが，それは「社会的な関係のリアリティ（真実であるような現実）」として獲得されなければならない。「主体形成を軸にしない対象認識も，対象認識を欠いた主体形成もリアリティをもちえない」のであり，「認識のはたらきをふくむ生きるということ自体が，一面性ののりこえと多面性の獲得」にほかならないという（花崎 1981：1章）。つまり，主体のあり方にかかわる「認識」と社会関係的な「リアリティ」に媒介されてこそ，「やさしさ」をもって「生きる」ということになるのだ。「国民国家」のカラクリを解き明かし，その面妖なる正体を見極めるということは，その出発点に位置づくものである。

第2節　「国民国家」を解剖する——視座・歴史・構造

1　「国民」＋「国家」＝「国民国家」？——仕組みと仕掛け・その1

(1)　「国家」とはなにか

「無国籍」は，英語で「ステートレス」——レス（less）はより少ない，価値の

低いということ―だが，UNHCRによると，それは「ナショナリティ」や「シティズンシップ」をもたないことをさす。ここで考えなければならないのは，「国家」（ステート）と「国民」（ネーション）の構成原理とその関係，そしてナショナリティ／シティズンシップの淵源としての「国民国家」（ネーション・ステート）の基本構造である。まずもって指摘しておくべきは，「国家」と「国民」は共同的・共犯的ではあるが同一体ではなく，相互的・循環的ではあるが非対称だということである。「国民」的でない「国家」はこれまで歴史上に存在したし，これからも存在しうる。「国家」には，そこにいない「国民」が存在するし，「国民」でない人々もまた存在するわけである。

歴史的にみれば，前近代の地域的な「世界帝国」が解体・分岐し，「主権」をもつ近代国家（絶対主義国家）が，産業革命と市民革命を経て，「国民国家」という特有な国家形態が成立する。柄谷行人によると，それは「国民」と「国家」，そして「資本」という，それぞれ「異なる原理」の接合であり，互いに補い合いながらも，きわめて危ういバランスのうえに立つ「三位一体」の「ボロメオの環」―どれか一つをとると，壊れてしまうような環―をなすのだ。この場合，「国家」をつかさどるのは「悟性」，「資本」をつかさどるのは「感性」であり，それらは「国民」の「想像力」によって「綜合」されることになる（柄谷 2006, 2010）。このトリアーデをなすような三者関係として，「国民国家」を捉えるのが重要な視座だろう。しかも後述するように，「国民国家」の成立は一国だけで考えることはできず，資本主義経済の世界秩序をかたちづくることを同時に意味し，その一角を担うことを必須の要件としているのである。

それでは，「国家」とはなにかといえば，もちろん古典古代のポリス以来，現代の〈帝国〉まで問われつづけているが（加藤 2006），その起源を尋ねるならば，それは共同体のなかから生じたものではなく，共同体と共同体の間に発生したものである。すなわち，「国家」は本来，「一つの共同体が他の諸共同体を継続的に支配する形態」であり，その基盤は，「暴力的収奪」にあるといわねばならないのだ（柄谷 2006：2部1章）。「暴力」は，主体の意のままにならない統御不可能な力―「バイオレンス・ビオランス（violence, 英・仏）」―と，主

体を意のままに支配し統御する力—「ゲバルト（Gewalt, 独）」の原義—という，「双頭神ヤヌスのように二つの顔」をあわせもつ（上野 2006：はじめに）。この「暴力」という視点から，萱野稔人はマックス・ウェーバーの定義—「国家とは，ある一定の領域の内部で正当な物理的暴力行使の独占を実効的に要求する人間共同体である」—を出発点として，「国家」の本質を理論的に検討している（萱野 2005）。

萱野によれば，「国家」とは「合法的な暴力行使の独占を実効的に要求する」ものであり，「富を我有化するために，そして我有化した富をつかって，暴力を組織化する運動体」にほかならない。そこでは「暴力」は，「権力」と結合し，「富」を再分配しながら，「秩序と支配の保証」という社会的機能を担うことになる。しかも，「国境」をもつ領土と結びついた近代の「主権」の成立によって，「国家が社会のなかで暴力への権利をもった唯一の審級」となったのである（萱野 2005：1-3・5章）。「無国籍」者が法制的な帰属形態から正当に放逐されていることは，こうした「暴力への権利」の源泉たる，「国家」の普遍的性格を抜きにしては理解しえない。

この「国家」は，「暴力への権利」を源泉とする，さまざまな装置を張りめぐらせている。ルイ・アルチュセールのいう，「国家のイデオロギー装置」である。この場合の「イデオロギー」は，一人ひとりに「主体として呼びかける」のであり，社会的に行為する特定の「主体」として承認するのだ。人々を「個人」として想像的に主体化しながら，「国家」の担い手として従属化するのであって，ここに立ちあらわれてくるのが「国民」である。アルチュセールによれば，「学校」は資本主義社会で支配的な地位を占める，その装置にほかならない（L. アルチュセール 1995=2005）。

(2) 「国民」とはなにか

「国民」といえば，ナショナリズム論の新古典というべき，ベネディクト・アンダーソンの『想像の共同体』のテーゼがある。すなわち，「国民とはイメージとして心に描かれた想像の政治共同体（イマジンド・ポリティカル・コミュニティ）である—そしてそれは，本来的に限定され，かつ主権的なもの〔最高の

意思決定主体〕として想像される」と。永続的・閉鎖的・主権的な共同体として創出されるのが「国民」だが，アンダーソンがとくに注目するのは言語の位相であり，「俗語（バナキュラー）」革命と「出版資本主義（プリント・キャピタリズム）」が果たした役割である。これらを通して，近代の「均質で空虚な時間」—中世キリスト教世界の「メシア的時間」に対置される，ヴァルター・ベンヤミンの表現—がもたらす「同時性」のつながりが，「国民」を表象する。そしてそれは，模倣可能な「モジュール〔規格化され独自の機能をもつ交換可能な構成要素〕」として流布していくのである（B. アンダーソン 1991＝1997：1-3章）。

こうした議論は，非西欧地域まで見渡したナショナリズム成立の一般モデルとして広く受け入れられた。「国民の善性」ということも論じられており，「国民」が「誤り」を犯しても，それは「未来」と「過去」の照り返しのなかで純化され，「男—女」「父—母」といったセクシュアルな表象が，否定しがたいその源泉になっているのだという（B. アンダーソン 1998＝2005：17章）。

アンダーソンが問うたのは，「国民」というものが「文化的人造物」であるにもかかわらず，「なぜそれがかくも深く情念を揺さぶる正統性をもつのか」，「これほどにも深い愛情を人々に引き起こしてきたのはなぜか」ということであった。「国民的想像力」は，ときに人々を戦争へと駆りたてるほど，「生」と「死」に結びつくのであり，「宗教的想像力と強い親和性を持っている」という（B. アンダーソン 1991＝1997：1・2章）。「国民」は「国家」と違って，たしかに近代における想像的な産物であり，なるほど客観的な実体ではない。が，それは簡単に打ち消したり，取り除いたりできる虚像などではなく，柄谷によると，イマヌエル・カントのいう「超越論的仮象」—容易に乗り越えることのできない，「理性」が陥ってしまう幻想や錯誤—なのである（柄谷 2002：1章）。

アンダーソンのアプローチは，「本質主義」を退けた「徹底した構築主義の立場」ともみなされるが（梅森 2007：2部1章），その眼目は「構築」されたものが「本質」化する，あるいは「本質」的存在のごとく「構築」されるという点にこそあるだろう。陳やその両親が「得体の知れないアイデンティティ」に執着し，促迫されたことは，そうした不合理で形而上的な拘束力をもつ「国民」

との関係なしには理解しえない。

「暴力」に先立って「国家」は存在せず，「国家」に先立って「国民」は存在しない。「国民国家」とは，そのシンプルな定義としては，「国境線に区切られた一定の領域から成る，主権を備えた国家で，その中に住む人々が国民的一体性の意識（ナショナル・アイデンティティ）を共有している国家のこと」をいうが（木畑 1994），これだけでは，その面妖なる正体をつかんだことにはならないだろう。それは過去完了形の完成態ではなく，常に現在進行形の流動態として存在するのであり，にもかかわらず，「自己産出的システム」が機能して安定性を維持しているからである。

「国民」は，ナショナリティ／シティズンシップを有する「個人」の集合体だが，エルネスト・ルナンが「国民の存在は日々の一般投票である」といったように，それは主体的かつ遂行的に「国民」たりうるのであり，そこで「国家」＝「暴力」は「国民」化されることになる。ハンナ・アーレントによれば，それは「国民による国家の征服」であって，「国家自体を一種の個人，他のすべての個人が彼に対し等しく頭を下げる最高の個人」とみなすことを意味する（H. アーレント 1968＝1972：4 章）。「国家」を「国民」共同体と見誤り，しばしば信じ込んでしまうのは，そのためにほかならない。そしてそこでは，資本主義がもたらす社会変動や階層分化は避けられないから，抽象的に析出された「すべての個人」に対して，たえず同質化と異質化，包摂と排除の力学が働き，ナショナル・アイデンティティの構築と再構築が繰り返されねばならないのだ。

ここで問題となるのは，ではナショナル・アイデンティティとはいかなるもので，「国民」をどのように制作・形成しているのかということである。これは陳が悩み・問いつづけてきた中核的な問題だが，酒井直樹は次のように述べている。すなわち，ナショナル・アイデンティティは，個と個の間のさまざまな社会的関係を跳び越えて，無媒介的に「国民という抽象的な共同体に同一化することを要求する」のであり，その「抽象的な集合への帰属によって種的同一性を得るようになる」のである。この「種的同一性」は，「日本人」と同時に「外国人」であることができないように，複数の帰属を認めない「排他的な

関係」によって成立する。その本質は，ありもしない「国民的純粋さ」に動機づけられた「排他的境界における雑種性の排除」としてしか成立しえないということだ（酒井 1996：6章）。

　要するに，人は「個人」として「国民」に還元されるが，その「国民」は「雑種性」の否認としてのみ形象されるのである。そうだとすれば，すなわち，「個人」としての主体性の確立が「国民」に回路づけられ，その「国民」が雑種性の否定によってしか成り立たないとすれば，「国民」になる／であることとは，常に内なる差異性や他者性をかき消し・忘れ去らなければならず，それゆえなにかに怯えつづけ・縛りつけられる―そしてそれが自然な状態になる―ことにほかならない。本書で多面的に議論される「教育」は，この「国民」という磁場に深く関与しているのである。

2　「国民国家」×n＝「世界」？―仕組みと仕掛け・その2

　「国民国家」は，「主権国家」を歴史的な前提要件にしているが，それは決して単独で存立しうるものではなく，常に「主権国家システム」という国際関係として構成される。「主権国家システム」は，ウェストファリア条約（1648年）以降の世界の「規範的秩序」であり，至高で対等とされる「主権」は，「国家」間の相互承認によってはじめて成り立つ。このことは，「主権」が各「国民」に存する「国民国家システム」となっても変わりはないし，「国民」統合が並存・競合する「国家」間関係によって促進されることも意味しよう。しかもその世界には，イマニュエル・ウォーラーステインが「世界システム」論として提起したように，国際的な分業体系として資本主義経済が成立している。地政学的な「中心―半周辺―周辺」という，支配と被支配を構造化するヘゲモニーとヒエラルキーが，そこには存在しているのである（藤原 1994，田口・鈴木 1997：1-3章）。

　国際秩序としての「主権国家システム」＝「国民国家システム」は，その構成単位を「暴力への権利」をもつ唯一の主体として，互いに認め合うということでもある。それは他国が「主権国家」でないならば，支配してよいというこ

とを含意する。実際のところ，ヨーロッパに出現したこの国際システムは，19世紀末になると帝国主義体制へと発展し，「勢力均衡」と「内政不干渉」を規範的秩序として，各「国民国家」はそれぞれ植民地帝国へと展開した。それはまさに，競合する複数の帝国が植民地支配を正当化・固定化する，ネットワーク的な「共同の抑圧の体制」であるといってよい（駒込 2005）。しかしながら，このことは二つの世界大戦を経て，植民地帝国の没落と「国民国家」の急増，つまり「主権」の大量生産をもたらすことになる。

　なぜ「国民国家」は，帝国主義を媒介として自己増殖するのか。アーレントが考察したように，「資本の輸出」にはじまる帝国主義は，「国民国家」を延長したその矛盾的拡大にほかならない。アンダーソンの比喩によれば，「国民のぴっちりとひきしまった皮膚を引きのばして帝国の巨大な身体を覆ってしまおうとする策略」なのである。すなわち，極大化した「国家」=「暴力」に保証された帝国主義は，その非資本主義的な〈外部〉，つまり植民地を収奪の対象として〈内部〉に編入したが，この〈外部〉が資本主義的に〈内部〉化するにつれ，「国民」を構成するモジュールまで移植してしまう。植民地帝国は，被支配者の間にナショナリズムを散布・喚起し，自壊的な総力戦は，新たな「国民国家」を転写・叢生したのだ（H. アーレント 1968=1972：1章，B. アンダーソン 1991=1997：6章）。その展開は，次のように約言することができよう。

　すなわち，脱植民地化のプロセスのなかで，旧宗主国に対抗的でありながら，模倣的な「国家」が生じるや，その遺制は清算されることなく，「暴力」もまた委譲・転移される。アルチュセールのいう，「国家のイデオロギー装置」はもちろん，あらゆる「旧国家の配線」が「相続」されるのであり，「まえの所有者が逃げだしてしまった大邸宅の複雑な配電システムのように，国家は，新しい所有者がスイッチを入れ，ふたたびあのまえとかわらぬ輝かしい自己をとりもどすことを望んでいるのだ」（B. アンダーソン 1991=1997：9章）。ここでは，もはや「想像の共同体」というアンダーソンのテーゼは転倒され，「ネーションが共同体を想像するための唯一の方法」となってしまうわけである（A. ネグリ・M. ハート 2000=2003：2部2章）。

この動きは，資本主義経済の世界システムの再編成ともつながっている。「国民国家」は，独立国としての国際的承認とともに世界標準化し，「冷戦」という〈もう一つの世界戦争〉後に，さらにあいつぐのである。こうして「国民国家」は，世界中に遍在するようになったわけだが，しかしいずれも固有の歴史と経験に振り回される，複雑な「多民族国家」たらざるをえない。その現実は，ひとしなみでなくバラエティに富んでおり，「国家」と「国民」の乖離や「国民」と「民族」（エスニシティ）のギャップに苦しむ場合が少なくないのだ（加藤 2006，塩川 2008）。このことは，冷戦下で軍事力が世界中に拡散するなか，いわゆる民族紛争など内戦の増大として現象しているし，兵員は労働力で兵器が商品であることを考えると，後述する「資本」のグローバル化を抜きには語りえないだろう。国境を越えていく難民の発生は，それゆえ止まらないのである（中西 2003）。

　国籍なるものが「国民国家」の形成にともなって，近代に発明された社会的構築物であることは，もう明らかではないだろうか。シティズンシップ（市民権）の概念は，古典古代にさかのぼることも可能だが，「国民国家」のもとでは，原則として，ナショナリティ（国籍）と等式で結ばれる。ナショナリティ／シティズンシップ（国籍／市民権）は，前述したように，特定の「国民国家」における成員資格であって，一連の権利と義務をもたらす法的地位であるが，ロジャース・ブルーベイカーが明らかにしたとおり，文化的・社会的・政治的な「ネーションの自己理解」に規定されるものである。それはすなわち，「われわれ」という内部者と「彼／彼女ら」という外部者を差別化しようとする，包摂と排除のナショナルな文脈を法制レベルで定義しているわけだ。

　「国民主権の砦」たる国籍が，「国際的にファイル化されたシステムであり，人々を諸国家へと配分していく一つのメカニズム」だとすれば，「無国籍」というのは，そのシステムとメカニズムのもとでの，不可避的な所産であるといわなければならない（R. ブルーベイカー 1992＝2005：1章）。アーレントが指摘したように，「国民国家」をモデルとする世界に「呪詛のようにまとい付いている」といってよい（H. アーレント 1968＝1972：5章）。

第3節　「国民国家」はなくなるか──グローバル化の両義的展開

1　競い立つ「世界」の構想力──冷戦後のリアリティ

　今日においては，世界システムの大変動とともに，「国民国家」の衰退や解体が叫ばれて久しい。とりわけ東西冷戦が終局した1990年代以降，「資本」のトランスナショナルな動きが世界中を席巻するようになる。そして「グローバリゼーション」といわれる巨大な地殻変動が「国民国家」の主権性を侵食し，その領土的な枠組みを無効化していく事態となった。グローバル経済の際限なき浸透にともなって，国境を越えた人や物や情報の移動だけでなく，マネー・サービス・テクノロジーの流通もまた同期化しつつ常態化し，「ポスト国民国家」「ポスト国際政治」といわれる時代の到来が声高に，あるいは過大に語られるようになったのだ。

　歴史家のエリック・ホブズボームは，「長い19世紀」につづく，第一次世界大戦の勃発（1914年）からソビエト連邦の崩壊（1991年）までをもって，「短い20世紀」と呼び，それを「極端な時代」と名づけた（E.ホブズボーム　1994＝1996）。ソ連解体をはじめとする世界の激動は，「国家のない／国家の後の世界をかいま見る構想力」を人々にかき立て，「歴史がそれ以外でありえた可能性」に対して目を開かせたといえる（上野　2001）。それはまさに，坂本義和のいう「相対化の時代」の幕開けをリアリティをもって印象づけたといってよい（坂本　1997）。その延長線上で考えるなら，もはや「国民国家」について論じること自体，はなはだしいアナクロニズムと映ってしまうかもしれない。

　国籍に焦点づけるなら，シティズンシップとナショナリティの間の齟齬や摩擦が生じるようになり，開かれたポスト・ナショナルなシティズンシップのあり方も模索されるようになった。超国家的統治体であるヨーロッパ連合（EU）の「EU市民権」の制度化や，国籍をもたない定住外国人への「デニズンシップ」の提唱などが，そうである。シティズンシップについては，すでに「社会科学のなかで議論すべき主要な新しいアリーナ」となっており，数多くの言説

が積み重ねられている（G. デランティ 2000＝2004）。しかし対照的に，「無国籍」については，それがますます問題になっているにもかかわらず，「最近の社会科学の分野で学問的話題として徴候的に浮上してこない」といわれる（J. バトラー・G. スピヴァク 2007＝2008）。かかる落差は象徴的・示唆的であり，グローバル化する世界の趨勢とその語り口の一端を物語っているといえよう。

　こうしたドラスティックな潮流に棹さすような，さらに大局的・巨視的な議論もあいついだ。すでにジャン・フランソワ・リオタールは，「大きな物語の凋落」を唱えて「ポストモダン」の思想を広めていたが，1990年代に入ってフランシス・フクヤマの「歴史の終焉」論や，それと対照的なサミュエル・ハンチントンの「文明の衝突」論が大きな衝撃を与えた。そして，覇権国家アメリカの一極支配構造を読みとる「新帝国主義」論や，脱中心的・脱領土的なグローバル主権への移行を見いだす，アントニオ・ネグリとマイケル・ハートの〈帝国〉論，グローバル化する世界の「メタ権力ゲーム」を「グローカル」に乗り越えようとする，ウルリッヒ・ベックの「コスモポリタン的主権／国家／体制」論などが注目を浴びたのである（佐伯 2003，A. ネグリ・M. ハート 2000＝2003，U. ベック 2002＝2008，など）。

　これらは知的世界の代表的な思想や理論であり，「グローバリゼーション」のそれぞれの解読の仕方である。あえていえば，それらは〈想像上の世界征服〉にも似た，思考実験的な性格を同時に帯びており，それぞれに「世界」の文法を説明しつくし，単一の超越した物語に閉じ込めようとしているとみれなくもない。そこには，〈予言の自己成就〉というべき可能性／リスクをはらみながら，新たな世界秩序のビジョンやシナリオがさし示されたのだ。それだけ不確実で不透明な情勢が，かかる壮大な構想力を競い立たせ，人々もまたそれを欲望したのだとみることができよう。

2　「グローバリゼーション」とはなにか──その教説と逆説

　「グローバリゼーション」（グローバル化）とは，冷戦後に急速に普及・定着した言葉である。今日的には，その概念・用途やイメージは限りなく膨れ上が

り，ウヴェ・ペルクゼンのいう「プラスチック・ワード」に数えられてよい。プラスチック・ワードとは，人々の思考や行動を無意識のうちに方向づけ，現代世界を理念的かつ啓蒙的に統御している，「無定形のアメーバのようなことば」である。それは「新しいタイプ」の抽象語であり，複雑で錯綜した歴史を自然科学的なプロセスと化し，それ自体で自足する幻影世界をつくり出す。プラスチック・ワードは増殖・徘徊しながら，「メタファーを通じた植民地化」を世界中にもたらしているとされる（U. ペルクゼン 1988＝2007）。

「グローバリゼーション」は，それに乗り遅れるなら「世界」から脱落してしまうという，不安感覚や強迫観念を煽る至上命令でもあれば，「国民国家」の相対化やナショナルな主体の解放を導くという，警句あるいは福音のように響くこともある。伊豫谷登士翁がいうとおり，「希望に満ちた未来から絶望的な運命までの大きな落差」をもちながら，再帰的に生産・流通・消費されたのだ（伊豫谷 2002：1章）。西川長夫によれば，その普及・定着は，「アメリカの強い影響下にある」「ある種の知的植民地状況」を物語っている（西川 2001：10章）。ウルリッヒ・ベックによると，「グローバル化の最も重要な勝利は，おそらくグローバル化言説のグローバル化」であり，その代替可能性なき脅迫的な言説磁場の「メタ権力」は見逃せない（U. ベック 2002＝2008：3章）[2]。

ここで強調すべきは，「グローバリゼーション」が1970年代から台頭した，市場原理中心の「新自由主義」（ネオリベラリズム）の支配的なイデオロギーにもなっているということである。ベックにいわせれば，それは「グローバリズム」と称すべき政治的な一大プロジェクトであって，「世界社会」を「世界市場社会」という経済的次元に還元してしまうような，「非政治的な態度を装った高度に政治的な行動」「革命としての脱政治性というべきもの」である（U. ベック 1997＝2005：3部）。「資本」の活動がもともとグローバルであり，世界経済がその「メタ権力」作用と不可分であるとすれば，こうしたポリティカル・エコノミーの世界にもはや〈外部〉は存在しない。つまり，あらゆる「国民国家」が新自由主義の世界経済に巻き込まれ，逃げ場のない檻のなかで競い合っているということなのである。

このような現代世界において進行したのは，きわめて両義的で逆説的な事態をともなった，近代世界のラディカルな再編成とみることができる。たしかに，世界中の人々が相互に緊密に結びつき，広大無辺のネットワーク社会のなかで，時間と空間を越えた均質な経験が浸透したが，それはまた危機や脅威のボーダーレス化でもあり，個人がむき出しになった社会のなかで，深刻なアイデンティティ・クライシスを人々にもたらした。他方でグローバル「資本」は，世界のさまざまな局面で市場経済化を推し進め，多様性と差異性を戦略的に称揚して生き残りを図るが，その越境的な影響力は各国内・間の格差を拡大し，地政学的な「中心」と「周辺」はあちこちに遍在するようにもなった。いわばベクトルを異にする〈近代の超越〉と〈近代の徹底〉がシンクロし，世界の構造的再編が進展しているとみられる。

　注目に値するのは，相反するようなグローバリズムとナショナリズムが触発・作用しあい，相互に絡みながらスパイラルに昂進しているということである。西川によれば，グローバル化は「文明化の最終局面」にほかならず，「〈新〉植民地主義」―「植民地なき植民地主義」という「第2の植民地主義」―と捉えられる。近代の「植民地主義」（コロニアリズム）とそのイデオロギーである「文明化」（シビリゼーション）は，決して終息したわけではなく，まぎれもなく継続しながら，いっそう危機的なかたちで世界を支配しているのだ。そして「グローバル化時代のナショナリズム」は，総じて「ネイション衰退期の，基盤を失った，ノスタルジックな，いわばネイションなきナショナリズム」とされる。その形態はさまざまであり，あらゆるナショナリズムが勢ぞろいしたかのようだが，いずれも境界を侵犯するグローバル化によって強く希求され，ときに深刻化・過激化するのである（西川 2001：10 章，西川 2006）[3]。

　たしかに冷戦は終わったけれども，「冷戦の終わり方」が地域によって，各国によって異なっていることも，ここで考慮すべきであろう（藤原 2004：2 章）。「グローバリゼーションのリージョナル化」も進行しているが，地域統合のあり方を考えるならば，例えば制度的実体として EU を形成してきたヨーロッパと，その制度化を模索・構想している東アジアは同列に語りえないし，各国の

対応もひとしなみではない（天児 2010）。そして「破綻国家」へと転落するアフリカ諸国など，グローバル・サウスといわれる国々の混迷ぶりもまた，こうした「文明化の最終局面」をリードした地域・国々との相互依存関係を抜きにしては語りえないのだ。

現代世界は，「グローバリゼーション」が宣告した「国民国家」の不可能性と，「グローバリゼーション」を養分とした「国民国家」の再生可能性が交錯しており，植民地主義を再生産する「国民国家システム」が大きな岐路に立っているのは間違いない。そこで無視できない磁力になっているのは，繰り返しになるが，それぞれの歴史的な文脈と経験である。グローバル化対応の地域統合にみられるように，各地が歴史上に現存したさまざまな「帝国」の遺産や残像に規定され，「意図せざる帝国ノスタルジア」に翻弄されているとも捉えられるし，「帝国の崩壊プロセスはいまだに完了していない」とみる見方さえある（山内 2004：序章，終章）。「歴史」は終焉したり，宙吊りにされたりするどころか，こうした時代だからこそ陰に陽に呼び出され，グローバル世界に執拗にまとわりついているというべきであろう。

3　「国民国家」の行方と彼方―「無国籍」に学ぶ

このようにみてくると，「国民国家」とその国際システムが瓦解・終焉の方向に向かっているとか，将来的に世界の舞台から消え失せてしまうということはできないだろう。たしかにグローバル化のもとで，「国民国家」の制度と体系が大きな曲がり角を迎え，著しくさま変わりしているのは間違いないが，それが一時的に機能不全に陥ることはあっても，ただちに崩壊の一途をたどっているとみるのは当を得ない。とりわけ瞠目すべきなのは，一見するとその役割を低下させているように映る「国家」と，グローバル・ガバナンスなどといわれるその横断的な統治のあり方である。

いまや「国家」は，「資本」と結託してグローバル化のエージェントとなり，「国民」からは退却しながら新たな関係づくりに入っているとみられる。そして国際的な規制力となるグローバル・ガバナンスは，自己改革する・できる「国

民国家」を与件として構成されているであろう。そこで見逃せないのは，各国に囲い込まれながら，「資本」とともに膨れ上がった「暴力」の様態と行方である。一足飛びに地球を丸抱えする「世界」論へと跳躍してしまうのではなく，「資本」の席巻と「国民」の危機にさらされながら，「国民国家」がどのように変容・転回を遂げているのか，そのプログラミングをいかに調整・更新しているのかを，十分に見極めなければならない。

最後に改めて，「無国籍」の問題に立ち返り，その表象を通して思考を深めたい。その際アーレントが，1951年の時点で「国民国家の没落と人権の終焉」という予見的な考察を行っていたことは注目される（H. アーレント 1968＝1972：5章）。ナチス・ドイツを逃れてアメリカに渡った彼女は，自らが「無国籍」であったが，その大量出現は「国民国家の崩壊の最も明白な徴候」とし，その制度的な問題構造をえぐり出しながら，政治哲学的に「権利をもつ権利」を基礎づけようとした。

これは「無国籍」が世界に突きつけた，避けることのできない「難問」であり，それまでの「人権」―近代ブルジョワ的な，人間の「自然／本性」から演繹される権利―が問わなかった「権利をもつ権利」とは，「人間がその行為と意見に基づいて人から判断されるという関係の成り立つシステムの中で生きる権利のこと」をいう。ジュディス・バトラーによれば，それは「国民国家」を無効にしてしまう「新たな人権の宣言」なのである（J. バトラー・G. スピヴァク　2007＝2008）。

ただアーレントは，この，人類によって保証されるべき「権利をもつ権利」がどうしたら可能か，それをどうやって構築することができるのかについては語らない―というか，語れなかった。「国民国家」を徹底して批判する彼女がなおその枠組みから自由でなかったとすれば，それは「国民国家」の規定力の大きさをはからずも物語っているといってよい（S. ベンハビブ 2006：2章）。

その後の世界をみれば，国際法の制度的・規範的な展開にもかかわらず，「国民国家」の「主権」と普遍的であるべき「人権」の狭間にあって，「権利をもつ権利」の追求は宙吊りにされ，あるいは引き裂かれてしまったともいえる。

だが今日的に求められるのは，その現前する隘路に立ちすくんでしまうのではなく，バトラーがいうように彼女の問題提起を受け止めながら，「厳密に非ナショナリズムでありえるような帰属の形態はあるのか」を問いつづけることであろう。「われわれ」というナショナルな帰属形態を撃つ，特権的な表象が「無国籍」なのである。

「資本」が跋扈する現代は，「無国籍が一地方の特徴となるような新しい世界」が現われている。そして「無国籍」者は，「国民国家」から完全に放逐されているわけではなく，いずれかの「国民国家」の非合法の住人であり，「国民／市民」の身分を奪われながら，「無国籍」という身分を与えられているのだ。「無国籍」という身分を正当化しているのは，「国民／市民」という身分にほかならない。〈いま・ここ〉の世界に住まう，マジョリティとしての「われわれ」にとって重要なのは，「無国籍」と表象される，不可視化されたマイノリティの「人権」を認め，どこかの「国民国家」の合法的な住人として遇すること——だけではない。

マイノリティが数量上・統計上の問題ではなく，マジョリティの常識や規範からの逸脱であるとすれば（酒井 2006：小序），「無国籍」は「国民／市民」の常識や規範を覆し，帰属形態そのものの複数性を呼び込む他者となりうる。それは雑種性の否定として形象される「国民」から，自らを解放して自由にすることにつながり，ひいては人間の生のあり方と「国民国家」を超えた世界さえ賭けるものである。「国民」は，それが当たり前になったときに初めて完成するのであり，わたしたちは「無国籍」というあり方から多くを学ぶべきではないだろうか。

【平田 諭治】

注
（1）世界の「無国籍」者数は，UNHCR の報告書『グローバル・トレンド』（*Global Trends*）が発表した，2007 年末現在の概算だが，今後さらなるデータが必要であることが指摘されている。国際連合難民高等弁務官事務所・プレスリリース http://www.unhcr.or.jp/news/press/pr080617.html（2012 年 4 月閲覧）参照。日本の「無国籍」者数は，総務省統計局「日本の統計 2012」が発表した，2010 年末現在の人数（1,234 人）だが，

これは「外国人登録法」に基づく登録人員であり，在留資格をもたない「無国籍」者は，〈透明人間〉のように存在しないことになる。総務省統計局・政策統括官（統計基準担当）・統計研修所「国籍別登録外国人数」http://www.stat.go.jp/data/nihon/zuhyou/n0202900.xls（2012 年 4 月閲覧）参照。また特定 NPO 法人・無国籍ネットワーク http://www.stateless-network.com（2012 年 4 月閲覧）参照。
（2）「グローバリゼーション」という事象を数十年スパンの変化ではなく，人類史的なスケールで，長期にわたる構造変動と捉える見方も現われるようになった（山下 2008，など）。だが，こうした無限定な遡行は，それが〈歴史的必然〉と錯誤してある種の宿命論・決定論に陥り，その「メタ権力」に回収されてしまう危うさがあることに注意したい。
（3）上述したように，グローバル世界に出現した新たな〈帝国〉をめぐる議論が盛行し，「国民国家」なきあとの，単一システムとしての「世界」の見方はなるほど魅力的であった。だが，西川にいわせれば，それは「グローバリゼーションの中心からの視座」であって，むしろ「世界への関心と視野を狭めるように作用している」という（西川 2006：8 章）。この指摘は，看過すべきでないだろう。

引用・参照文献

天児慧（2010）「問題提起：地域統合の新機軸を求めて」『第 4 回国際シンポジウム アジア地域統合と安全保障協力』早稲田大学グローバル COE プログラム「アジア地域統合のための世界的人材育成拠点」報告書

L. アルチュセール著，西川長夫・伊吹浩一・大中一彌・今野晃・山家歩訳（2005）『再生産について―イデオロギーと国家のイデオロギー諸装置―』平凡社（Althusser, L.（1995）*Sur la reproduction*, Paris, Presses Universitaires de France.）

H. アーレント著，大島通義・大島かおり訳（1972）『全体主義の起原』2（帝国主義），みすず書房（Arendt, H.（1968）*The Origins of Totalitarianism*, Part 2（Imperialism）, New York, Harcourt, Brace & World.）

B. アンダーソン著，白石さや・白石隆訳（1997）『増補 想像の共同体―ナショナリズムの起源と流行―』NTT 出版（Anderson, B.（1991）*Imagined Communities; Reflections on the Origin and Spread of Nationalism*, Revised Edition, London, Verso.）

B. アンダーソン著，糟谷啓介・高地薫他訳（2005）『比較の亡霊―ナショナリズム・東南アジア・世界―』作品社（Anderson, B.（1998）*The Spectre of Comparisons: Nationalism, Southeast Asia and the World*, London, New York, Verso.）

伊豫谷登士翁（2002）『グローバリゼーションとは何か―液状化する世界を読み解く―』平凡社

上野千鶴子（2001）「解説―「国民国家」論の功と罪―」西川長夫『増補 国境の越え方―国民国家論序説―』平凡社

上野成利（2006）『暴力』思考のフロンティア，岩波書店

梅森直之編著（2007）『ベネディクト・アンダーソン グローバリゼーションを語る』光文社

加藤哲郎（2006）「グローバリゼーションと国民国家―国家論の側から―」社会理論学会編『社会理論研究』第7号，http://homepage3.nifty.com/katote/state06.html（2012年4月閲覧）
萱野稔人（2005）『国家とはなにか』以文社
柄谷行人（2002）『日本精神分析』文藝春秋
――（2006）『世界共和国へ―資本＝ネーション＝国家を超えて―』岩波書店
――（2010）『世界史の構造』岩波書店
木畑洋一（1994）「世界史の構造と国民国家」歴史学研究会編『国民国家を問う』青木書店
駒込武（2005）「『帝国のはざま』から考える」『「帝国」と植民地―「大日本帝国」崩壊60年―』年報・日本現代史第10号，現代史料出版
佐伯啓思（2003）『新「帝国」アメリカを解剖する』筑摩書房
酒井直樹（1996）『死産される日本語・日本人―「日本」の歴史―地政的配置―』新曜社
――編（2006）『ナショナル・ヒストリーを学び捨てる』東京大学出版会
坂本義和（1997）『相対化の時代』岩波書店
佐藤俊樹（2008）『意味とシステム―ルーマンをめぐる理論社会学的探究―』勁草書房
塩川伸明（2008）『民族とネイション―ナショナリズムという難問―』岩波書店
田口富久治・鈴木一人（1997）『グローバリゼーションと国民国家』青木書店
陳天璽（2005）『無国籍』新潮社
――（2010）『忘れられた人々 日本の「無国籍」者』明石書店
G. デランティ著，佐藤康行訳（2004）『グローバル時代のシティズンシップ―新しい社会理論の地平―』日本経済評論社（Delanty, G.（2000）*Citizenship in a Global Age: Society, Culture, Politics*, Buckingham, Open University Press.）
中西寛（2003）『国際政治とは何か―地球社会における人間と秩序―』中央公論新社
西川長夫（2001）『増補 国境の越え方―国民国家論序説―』平凡社
――（2006）『〈新〉植民地主義論―グローバル化時代の植民地主義を問う―』平凡社
A. ネグリ・M. ハート著，水嶋一憲・酒井隆史・浜邦彦・吉田俊実訳（2003）『〈帝国〉―グローバル化の世界秩序とマルチチュードの可能性―』以文社（Hardt, M. and Negri, A.（2000）*Empire*, Cambridge, Mass., Harvard University Press.）
J. バトラー・G. スピヴァク著，竹村和子訳（2008）『国家を歌うのは誰か？―グローバル・ステイトにおける言語・政治・帰属―』岩波書店（Butler, J., Spivak, G. C.（2007）*Who Sings the Nation-State?: Language, Politics, Belonging*, London, Seagull Books London.）
花崎皋平（1981）『生きる場の哲学―共感からの出発―』岩波書店
藤原帰一（1994）「主権国家と国民国家―「アメリカの平和」への視点―」『岩波講座 社会科学の方法』第11巻（グローバル・ネットワーク），岩波書店
藤原帰一（2004）『平和のリアリズム』岩波書店
R. ブルーベイカー著，佐藤成基・佐々木てる監訳（2005）『フランスとドイツの国籍とネーション―国籍形成の比較歴史社会学―』明石書店（Brubaker, R.（1992）*Citizenship and Na-*

tionhood in France and Germany, Cambridge, Harvard University Press.）

U. ベック著，木前利秋・中村健吾監訳（2005）『グローバル化の社会学－グローバリズムの誤謬－グローバル化への応答－』国文社（Beck, U.（1997）*Was ist Globalisierung?: Irrtümer des Globalismus-Antworten auf Globalisierung*, Frankfurt am Main, Suhrkamp Verlag.）

──著，島村賢一訳（2008）『ナショナリズムの超克－グローバル時代の世界政治経済学－』NTT出版（Beck, U.（2002）*Macht und Gegenmacht im globalen Zeitalter: Neue weltpolitische Ökonomie*, Frankfurt am Main, Suhrkamp Verlag.）

U. ペルクゼン著，糟谷啓介訳（2007）『プラスチック・ワード－歴史を喪失したことばの蔓延－』藤原書店（Pörksen, U.（1988）*Plastikwörter*, Stuttgart, J. G. Cotta'sche Buchhandlung Nachfolger.）

S. ベンハビブ著，向山恭一訳（2006）『他者の権利－外国人・居留民・市民－』法政大学出版局（Benhabib, S.（2004）*The Rights of Others: Aliens, Residents, and Citizens*, Cambridge, Cambridge University Press.）

E. ホブズボーム著，河合秀和訳（1996）『20世紀の歴史－極端な時代－』上・下巻，三省堂（Hobsbawm, E.（1994）*Age of Extremes: The Short Twentieth Century, 1914-1991*, London, Michael Joseph.）

山内昌之（2004）『帝国と国民』岩波書店

山下範久（2008）『現代帝国論－人類史の中のグローバリゼーション－』日本放送出版協会

第3章 「日本」「学校」「教育」の概念系

第1節 「日本」という「国家」の自画像—前近代へのまなざし

1 「地図」はなにを語るか—古地図にみる「日本」

　第2章で述べたとおり，「国家」のルーツは共同体の内部でなく，共同体相互の間にあり，一つの共同体がほかの共同体を継続的に支配するところに求められる。「暴力を組織化する運動体」（萱野稔人）というのが，「国家」の本質を規定しているのだ。それは目で見たり，手で触ったりすることはできないが，まぎれもなく存在しつづけている，すぐれて歴史的な実体である。しかし，その〈かたち〉が今日まで通時的に一貫しているわけでは決してない。ならば，国民国家が成立する近代以前の「国家」を，どう捉えたらよいのか—このことを認識したとき，「学校」と「教育」の歴史的系譜を考えるうえで必要な，知的構えがもたらされることになる。

　「国家」の歴史的な〈かたち〉が端的にあらわれているのは，「古地図」という前近代の知のメディアであろう。はじめに，古地図を手がかりとし，それを読み解きながら，「日本」という「国家」の来歴とその歴史像について，思考をめぐらせてみたい（以下，本文中の文献表示は簡略にとどめる）。

　「地図」というのは，「それが作られた社会における『真実』や『事実』を，その社会における他の言説や情報との相互関係のなかで生み出す」のであり，「ある社会における事実を表象しており，そのように表象された事実を社会は模倣している」とされる（若林 1995：序章）。もちろん古地図の世界に，近代的な〈国民社会〉を投影すべきではない。ベネディクト・アンダーソンがいうように，「国家は，ナショナリズムが歴史的に存在するに至るそのはるか以前に，ちょ

うど不吉な予知夢でも見るように，その［支配する］土地に敵を想像した」のであり，「地図における政治的空間の最終的なロゴ化」は，そうした「想像力を形成」するのに一役買ったのである（B. アンダーソン 1991＝1997：増補版への序文）。

　いわゆる古地図―これ自体が近代的な総称だが―は，科学的な客観性や実用的な記録性をもつ近代的な地図とは異なり，しばしば荒唐無稽とさえ思えるような，絵画的要素を備えた絵図となっている。「地図をつくる」というのは，もともと「国家」が「国家」たりうるためのプロジェクトであり，富と権力を象徴する意図的・計画的な営為にほかならない。「国家」にとっての基本的なインフラであり，世界と自己の見方を規定している。古代の律令制国家や近世の幕藩制国家など，強大な統一権力が登場するや，その事業に着手しており，近世には商業出版と結びついて各種の地図＝絵図が普及した。そこでは，古代律令制下の地方行政組織であり，中世や近世でも公的な支配単位たりえた「国郡制」が基調をなし，「日本」は「諸国全図」として表示されるのが通例だった。現存する最古の日本地図は，「行基式日本図」（行基図）と総称されるが，これは奈良時代の高僧・行基の事績と伝承に由来する。

　ここに掲げる図3.1，図3.2，図3.3は，さしあたり「古代」「中世」「近世」という時代を表象する「日本」の国土を描いた絵図である。いずれも国郡制をモチーフとしながら，それぞれ認識空間としての「日本」がシンボリックに視覚化されている。「古代」から「近代」にいたる時代区分は，「国民史」の〈物　語〉を可能にする歴史学の編成原理だが，以下にみるように，その文明史的な進歩史観を拒むかのごとく，各図のなかに「時代」が折り重なり，絡み合っている[1]。これらの古地図から，とくに近代的なマッピングと異なるところに注目しながら，つぎに考察を加えていく（以下，秋岡 1971，応地 1996，李 1996：9章，海野 1999，加藤 2000：2章，黒田 2003，参照）。

第3章 「日本」「学校」「教育」の概念系　49

2 「日本」はどんな〈かたち〉だったか——折り重なる古代・中世・近世

(1) 「行基菩薩説大日本国図」の語る古代

　まず図3.1は，「行基菩薩説大日本国図」という内題のある行基図である。1651（慶安4）年以前の近世初期に刊行された，古代の自画像ということになるが，原図の成立年代は定かでない。これが「もとの行基式日本図をそのまま描画したものではなく，これを取捨選択し，かつ江戸時代初における知識を添加して一定の創意の下に描作したもの」だとすれば，古代と近世の国土認識が混交して刻印されているとみることができよう（秋岡 1971：6章）。現在の東北地方が「東」として上方に，九州地方が「西」として下方に位置する，縦長の図形である。

　これをみると，卵形あるいは俵形の「諸国」が重なり合うように配され，その集合体として結果的に「日本」が描き出されているのがわかる。「日本」には全体としての積極的な外形が与えられず，わたしたちが親しんでいるような，ナショナルな境界を連続的な一本線で表すという描き方ではない。この描法は行基図に顕著な特徴であり，当時の「国家」意識のありようを物語っている。最初に現在の京都にあたる「やましろのくに」（山城国）を描き，そこから遠心的に連ねて「諸国」を描き加えている。そして「山城国」から五畿

図3.1　古代の「日本」
出所：国立歴史民俗博物館蔵・秋岡武次郎古地図コレクション「行基菩薩説大日本国図」（木版 413×825mm）

七道への道線が放射状に伸び，「諸国」を循環するように描き込まれており，それぞれの「国」には国名と郡数が書き入れてある。余白の文字書きは，国土や人口に関する地理的情報だが，そこには「京」からの距離が記載されており，「山城国」の中心性が絵図・文字の双方において表現されている。

　ここから理解されるのは，古代において「日本」とは，都（平安京）のある「山城国」を起点・中心とした「諸国」の集合体であり，その相対的な独立性と同心円的な拡張性がうかがわれるということである。ヤマト王権が支配する律令国家を図像化しているが，街道を通じて朝廷の威信や統制が遠方に広がるように，国家権力が「運動体」として拡大するダイナミズムをさし示しているとみてよい。近代になって強制的に編入され，五畿七道になぞらえて「北海道」と名づけられた「ゑぞ」（蝦夷）や「まつまへ」（松前），琉球併合（1879年）によって「沖縄県」が設置された「りうきう」（琉球）なども，いちおう描かれてはいるが，これらが近世の記入であることは明らかであろう。

(2)　「称名寺蔵日本図」の語る中世

　ついで図3.2は，不完全な形でしか現存していない，称名寺蔵（神奈川県立金沢文庫保管）の行基図である。13世紀後半の制作と推定される，中世の自画像である。異様な物体が帯状に取り巻いた半分が残り，あと半分は失われているが，地図の上方は「北」という近代以降の約束事に囚われていると，これが西日本あたりを表していることに気づかないだろう。

　これをみると，やはり行基図の特徴的な描法が採られているが，古代から移行した時代の様相もまた象徴的に映し出されている。これは二度にわたる蒙古襲来―1274年「文永の役」と1281年「弘安の役」―の危機に際会し，神仏の化身である龍が「日本」を囲繞して守護しているイメージといわれる。メタファーとしての龍体は，「日本」の内外を分かち・隔てる役割を果たし，当時の境界認識をフィクティブに表示している。その内側と外側を観察すると，そこに描法上の際立った違いがあることがわかる。すなわち内部は，やはり「諸国」が重畳するように描かれており，それぞれに国名と田の町数が記されているが，どこかの「国」の中心性や全体的な拡張性を読みとることはできない。それに

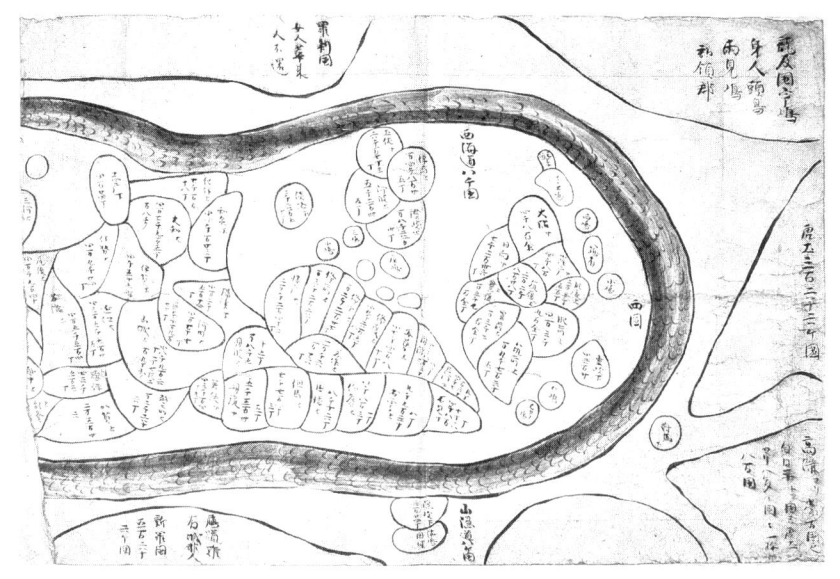

第 3 章　「日本」「学校」「教育」の概念系　　51

図 3.2　中世の「日本」
出所：称名寺所蔵・神奈川県立金沢文庫保管「重要文化財　日本図」（手書 519×345mm）

対して「琉球」を含んだ外部は，いくつかの陸塊がカーテン状に縁どり，内部へと迫るように描かれており，外敵侵攻の危機意識がひしひしと伝わってくる。
　ここから理解されるのは，中世において「日本」とは，中心性を欠いた「諸国」の寄せ集めでしかないが，少なくとも蒙古襲来という危機的な対外認識を通じて，一体的なまとまりとしての自己認識が，宗教的世界観とともに政治的権力側に芽生えたということである。律令体制の崩壊にともなって現出したのが，中世という流動性の高い時代であり，国家権力の分散化と弱体化，そして領土拡張運動の静止が時代的な特徴である。辺境の地に誕生した武家政権は，封建的な分権構造のうえに成立し，中世における「国家」の存在自体，歴史学的には議論の対象となる（新田 2004）。強大な外敵によって喚起された国家的統合への権力的願望とともに，こうした時代の断面が露わに図像化されているといってよい。右上の「琉球」には「龍及国宇嶋　身人頭鳥」とあり，はっき

りと異界として認識されていたこともわかる。

(3)「扶桑国之図」の語る近世

さらに図3.3は,「扶桑国之図」との内題がある,近世前期の寛文版日本図の一つである。1666（寛文6）年に刊行された,近世の自画像である。「扶桑国」とは,中国からみて太陽の出る東の方にある国,つまり日本国の異称だが,図形や方位は近代的な日本地図に接近しているのがわかる。

これをみると,〈正典（カノン）〉としての行基図から脱却し,沿海に輪郭を与えているのが目にとまる。「日本」の全体的な地形を間断なく描出しているが,これは大航海時代さなかの16世紀半ばよりヨーロッパ人が来日し,「地理上の発見」に基づいた新たな世界像—キリスト教の伝道と結びついた世界図や地球儀がも

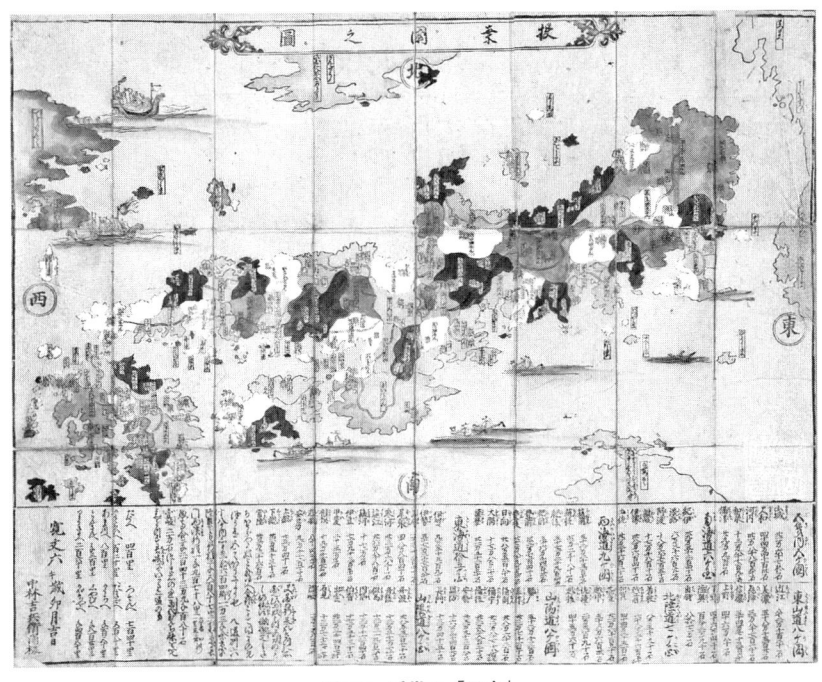

図 3.3 近世の「日本」

出所：図3.1と同じ「扶桑国之図」（木版 495×385mm）

たらされた影響である。だが，行基図の描法が完全に転換・消滅したわけではなく，その形式を継承・踏襲していることもうかがわれる。すなわち，屈曲に富んだ海岸線の内部においては，彩色が施されて「諸国」が区分され，各々に国名と郡数が表示され，五畿七道の道線が記入されている。ただし，古代のような中心性の存在は感じられない。下欄には畿内・諸道ごとに「諸国」の石高が記載されているが，「夫図ハ行基ぼさつの所図也」という説明から，その正統性をアピールしていることもわかる。

　ここから理解されるのは，近世において「日本」とは，西洋との出会いを経て，一体的なまとまりとしての「国家」意識を帯びることとなり，そのもとで「諸国」の集合体という認識が反復されたということである。戦国大名による地域国家の分立状態から，新たな統一権力を樹立した織豊政権を経て，徳川政権が幕藩制国家を創始したのが，近世という時代である。身分制と割拠制の時代であり，藩＝「国」意識が階層や地域を超えて浸透するが，こうした同時代性が図像化されているとみることができよう。宗教の世俗化が進行するのもこの時代の特徴で，もはや非現実的な架空の生物が描かれることはなくなった。「ゑぞ」（蝦夷）や「りうきう」（琉球）は周縁部に描かれているが，それら異界に対して国家権力が支配・統制を及ぼしていくのもこの時代だ。世界における「日本」の位置を再定義し，「日本型華夷秩序」の創出と「プロト国民国家」の形成を想像的に実践しているともいえよう（三谷 1997）。

3　歴史的概念としての「日本」「国家」「天皇」―起源という問い

　ここまで通行の時代区分にしたがって，古地図の語る「日本」とその「国家」像を考察してきた。そこで確認できることは，「日本」という「国家」は，その権力的な認識空間において，およそ不明瞭・不安定で変動的だったということである。地理的にみて，均質な自己領域を把握しうるものでなければ，歴史的にみて，単直線的に拡大・発展していったわけでもない。あいまいで漠然とした，その自画像が崩れることはなかったのだ。「境界」の観念を欠いていたわけではないが，その観念もまた生きられた歴史を超えられない。ブルース・

バートンがいうように，近代国家の国境ないし政治的境界が，一次元の〈線〉(ライン)であり，内と外を隔てる「バウンダリー」―内向きで求心的―であるのに対して，前近代国家の場合は，二次元の〈地帯〉(ゾーン)であり，内と外を結ぶ「フロンティア」―外向きで遠心的―であるのが，一般的だったからである（B. バートン 2000：1章）。

　ここで，「地図という自画像」について興味深い議論を行った加藤典洋の解釈をみておきたい。「日本人」概念の成立の仕方を検討する加藤は，近代の自己規定としての「種的同一性」（酒井直樹）に対して，前近代は「雑種的同一性」―「ばらばらな身体」をもつ未成の共同性―を「基層」とした自己規定がみられるとし，その「露頭」というべき各時代の古地図の読解を試みている。例えば，図3.1に注目して，「列島の人々の"まとまり"の意識の古形，その未成の共同性の姿」を見いだす。図3.2からは，その「自己から見られた自己像」が，「強大な他者」の衝撃による「他者から見られた自己像」（龍体）と「分裂したまま」であることを指摘する。そして図3.3は，その二つの自己像が「習合」されてはいるが，いまだ「雑種的同一性」が「種的同一性」に転化しているわけではないということだ（加藤 2000：1・2章）。

　なるほどと思わせられる解釈だが，しかし古地図が語りうるのは，「国家」のセルフ・イメージであって，そこに住まう人々の集合的な自己認識ではない。「種的同一性」という議論は，「日本人」として表象される「国民」を対象にしており，「雑種的同一性」なる「基層」を古地図に読み込むのは，端的な誤りというべきだろう。誰が作成したのかは不明だとしても，行基伝説を反復する古地図から読みとることができるのは，「国家」ないしは政治的権力者にとっての「事実」＝願望でしかないのだ。アンダーソンのいうところの，「敵を想像する」という「不吉な予知夢」は，「ロゴ化」された「政治的空間」の内部にあふれかえっていたわけではないのである。

　そもそも「日本」は，古代，東アジア地域の世界帝国である中華帝国の縁辺に形成された「国家」であり，華夷思想と冊封体制を軸とする「中華世界」＝中華帝国秩序に陰に陽に規定されてきた。「日本」という国号（王朝名）の成立

自体,「天皇」という称号(諡号・追号)の成立と不可分の関係にあり,ともに中華帝国を意識した対外的な呼称として定められたものだ。それまでの「倭」から「日本」へ,「大王」から「天皇」へと改めているが,これは7世紀の東アジア世界の変動―唐という大帝国の出現とその周辺諸国への影響を抜きにしては,語ることができない。いつから名乗るようになったのかは定かでないけれども,「自立した小帝国」として対抗するヤマト王権の強烈な意志のあらわれであり,本格的な律令国家をめざした701(大宝元)年の大宝令によって制定されている。「国家」も本来は律令用語であって,もともと「天皇」や朝廷を意味し,「日本」とも指示連関をもつ(網野 2000:3章,新田 2004,神野志 2005)。

　だが,ここで重要なことは,こうした名称が唯一絶対のものでも,確固不動のものでもなく,ましてや,広く一般に用いられていたわけではないということだ。それらが今日のように概念化されるためには,近代以降の政治的なプロセスを経由しなければならない(前野 2006,吉見・テッサ 2010:1章)。そのことを考慮しないで,かかる「起源」をただちに歴史化することは危うい。ミシェル・フーコーの顰みにならえば,「起源という妄想を祓うために歴史を必要」としても,「起源というはるかな理念に歴史の魂を求める」べきではないのである(M.フーコー 1994=2006:11章)。このことは,後述するように,「学校」および「教育」という概念についても当てはまる。それらもまた,前近代に遡及して自明視することはできないからである。

4 「日本」という「国家」を問い直す―近代へのまなざし

　西洋中心の世界システムが東アジア地域を覆い,中華帝国秩序が解体・崩壊するのが,近代という時代の地政学的な局面である。いち早く中華帝国秩序を離脱し,プロト・ナショナリズムを醸成した「日本」は,世界市場に包摂しようとするウェスタン・インパクトに対応し,アジアのなかで先行的に主権国家システムに適応・参入していく。西洋という「強大な他者」の発見は,幕藩制を超える「日本」=「天皇」の再発見と中国観の転換をもたらし,「諸国」=

藩を単位とする「国境(くにざかい)」は，「日本」という「国家」の境界＝「国境(こっきょう)」へと変容するのだ。

　近代国家「日本」は，明治政府の主導のもと，新たな西洋式の地図を制作するが，近代を表象する地図は，もはやここに示す必要はあるまい―その図像は，わたしたちが当然のように，脳裏にイメージできるものだから。李孝徳がいうように，「経験」に先立つ「超越（論）的な視点」から，「全地表を無差別に同一の幾何学的なグリッドに従属させた」のが，近代的な地図である。バウンダリーによって線形的に表象された「国家」は，その実定性と自明性を「間主観的に構成」し，ナショナルな「種的同一性」を模倣的に事実化しているといってよい（李 1996：9章・終章）。

　ただ，忘れてはいけないのが，第二次世界大戦前の「日本」は「大日本帝国」であり，アジアの植民地帝国だったという事実である。図3.4は，『尋常小学国語読本』巻7（文部省，1920年）の第1課「世界」に，挿画として掲載

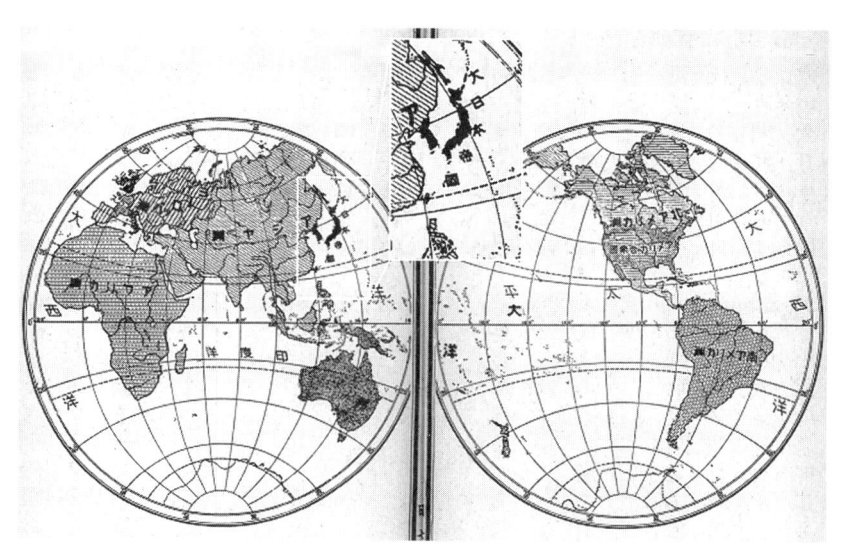

図3.4　近代の「日本」
出所：『尋常小学国語読本』巻7，文部省，1920年，第1課「世界」を一部改変

第3章 「日本」「学校」「教育」の概念系　57

された地図だ。第一次世界大戦後の第3期国定国語教科書，通称「ハナハト読本」であり，この巻は尋常小学校第4学年前半期の使用を意図している。巻頭の本文には，こうある—「我が大日本帝国はアジア洲の東部にあり。地球の上には大小合はせて六十余国あり。其の中我が大日本帝国と，イギリス・フランス・イタリヤ及びアメリカ合衆国を世界の五大強国といふ」と。この説明を図像として視覚化しているのが，つづく両頁見開きの世界地図となる。ここでは近代的な図法にのっとりながら，日清・日露戦争を経て，「日本」が植民地として統治した「台湾」や「朝鮮」，そして「南樺太」などが均一に塗りつぶされている（図3.4，一部拡大図は筆者）。それらは当たり前のように，「大日本帝国」だったのである。

　これはほんの一例にすぎないが，見過ごしてはならないのは，それが一部の権力者の専有物ではなく，義務就学を前提とする小学校での，子どもたちの教科書に載せられていたということである。つまり，国家権力によって組織された近代的な学校教育，そして国定教科書というメディアを通して，そこに囲い込まれた「児童」は，生活世界を超越した視点から，「日本」＝「大日本帝国」と「世界」を自己把握したのだ。ここには意識的あるいは無意識的に，境界づけられた「自己」と「他者」を想定し，「大日本帝国」として「種的同一性」を想像し，帝国主義的な「国民」となる経験が刷り込まれている。それは領土的な植民地主義を先取りし，その内面的・心理的な正当化を導くことを意味しよう。しかもその経験は，「地理」でなく「国語」という教科のなかで，統一的・規範的な言語学習とともに遂行されたわけである。

　これまで，およそ疑われることのない「日本」という実定性・自明性に揺さぶりをかけ，今日的な「国家」＝国民国家から類推を及ぼすまなざしを内破しようと試みてきた。けれども結局のところ，如上の考察と記述も，トートロジカルに「白地図を塗りつぶしていく作業」—「すでに国境が動かしがたい事実として確定してしまったという誤認を，追認していくこと」から，完全に解き放たれているわけではない（冨山 2002）。例えば，国民国家「日本」に暴力的に統合された「琉球」からすれば，これまでとは別様の「国家」像とその来歴を

語りえよう。困難や限界があろうとも，ここで確認し，共有したかったこと，それは，「国家はわれわれにとって他者であるとともに，われわれ自身の姿を映しだしてもいる。国家を成り立たせているのは，われわれ自身が相互におよぼしあう影響と拘束の作用にほかならない。されば，国家についての問いの不在は，われわれ自身についての問いの不在を意味しよう」（新田 2004：99）—このことに尽きるといってよい。

第2節 「学校」と「教育」の系譜学—歴史的想像力という臨界

1 「日本教育史」というアポリア—問うべきはなにか

　前節でふれた，国家権力によって組織された近代的な学校教育—それが人々にとって身近な，ごく当たり前のものになったのは，決して太古の昔からではなく，ここ1世紀余のことにすぎない。近代以前の生活世界に根ざした人間形成的な営みは，およそ「学校」と「教育」に集約・特化され，新たな「国民」づくりに寄与しながら，西洋的な近代化をもたらしたのだと，ひとまず概括することができる。その一方で，こうもいえる—「学校」の起源は古代にまで遡ることができるし，前近代にも「教育」と総称しうる営みがなされていたのだと。かつて柳田国男は，「近代教育」に「前代教育」を対置し，その重要性を強調したが，「学校」や「教育」を伝統的・習俗的なトポスと捉える見方も健在である。

　それでは，この一見すると相反するような二つの歴史像，すなわち「学校」や「教育」の近代的普及とその通時的把握は，どのように結びつけることができるのだろうか。そして日本の「学校」と「教育」の歴史は，いかに語られるべきであろうか。日本における国民国家と学校教育の，相互依存的で相互構築的なプロセスを問うには，まずその知的源泉となっている日本教育史研究を省察しながら，その考察の枠組みと問題の所在を明らかにしておく必要があるだろう。

　教育史という知の世界は，一般には馴染みがないかもしれないが，教育学の

第3章 「日本」「学校」「教育」の概念系　59

基礎領域に属し，その方法論は歴史学に拠っている―少なくとも近代の知の制度としては，そう位置づけられてきた。西洋社会に発する教育学の一環として成立・発展したというのは，「国民教育」（ナショナル・エデュケーション）を担う師範教育・教員養成に必要な学知とみなされたからであり，歴史学に方法的立場を求めるということは，「国民史」（ナショナル・ヒストリー）のイデオロギーと不可分であることを意味する。とりわけ「日本教育史」は，その来歴からすれば，「日本人」という「国民」的主体を制作するための，学校教育の歴史的な再構成と正当化を宿命づけられており，第2章で述べたような方法（論）的ナショナリズムならぬ，むき出しの目的（論）的ナショナリズムに規定されてきた[2]。

　今日的な研究状況を概観すれば，例えば橋本伸也がいうように，「学問的背景や方法論，問題関心を異にしつつ，伝統的教育史学とは差異化された，新しい教育史像の構築をめざす複数形の『教育の社会史』あるいは『教育の社会文化史』が叢生するにいたった」（橋本 2007）。もはや，教育学の内部に閉じたディシプリンは再審にさらされており，「国民」的主体を支える〈物語〉からの脱却が追求され，一国史的な学校教育観の克服が構想されるようになっている。だが「学校」や「教育」という概念にこだわるとき，それがいかに困難な，矛盾をかかえ込んだ試みであるかということも，同時に浮き彫りになってくるように思われる。

　というのも，国民国家の制度としての学校教育を批判的・相対的に問い直そうと，近代以前に遡行して別様の形態や営為を掘り起こしたとしても，それらを考察して記述する行為は「学校」や「教育」という語彙を不可避とする。そこで「学校」や「教育」を道具的・操作的に反復すれば，その自明性を遂行的に追認することにもなり，歴史的な正当化へと帰結してしまうのだ。それは意図的であろうと無意図的であろうと，とりわけ通史的な叙述スタイルをとるときに陥りがちな隘路，そして陥穽といってよい。いまや「日本人」という「国民」の〈物語〉を無邪気に語ることなどできない―けれども，その〈物語〉を突き破り，乗り越えようとする知的行為そのものが，「学校」と「教育」の過

剰な語りをもたらし，ナショナルな〈物語〉の編み直しにつながるという，再帰的で逆説的なアポリアなのである。

以下においては，そのアポリアを解きほぐすために，系譜学的にみた「学校」と「教育」の履歴を，先行研究に依拠しながら整理・検証しておく。

2　歴史的概念としての「学校」と「教育」―起源という問い

(1)　「学校」の来歴

そもそも「学校」は，名称としても，実体としても，古代における「制度輸入の産物」として始まるのであり，本来的には，律令制国家の官人養成機関としての「大学寮」をさす。名称としての典拠は，儒教の経典『孟子』（滕文公章句上）にあって，「設為庠序学校以教之」（庠・序・学・校を設為りて以て之を教う）に由来する。「庠」「序」「学」「校」は，いずれも「教」の場としての原義をもつ，共同体の統治にかかわる特別な場所・施設である。それが「学校」という術語＝律令用語として使われるようになるのであり，もともと自由な出入りを禁止・制約する，〈支配者の聖域〉そして〈聖なる空間〉を意味した。

その実体は，ここでも強大な唐帝国を震源とする，7世紀後半の緊迫した東アジア情勢が関係している。滅亡した百済から渡来した貴族たちが律令国家づくりに献身するなかで，670（天智9）年ころ，新たに人材育成のための「学職」が創設された。この「学職」を前身とする「大学寮」―ともに和訓は「ふんやのつかさ」で，学問を掌る機関という意味―が，701年の大宝令の条文で初めて「学校」と規定されたのだ。「学職」は「日本最古の学校」といわれることがあるが，前節で述べたことと関連づけるならば，そもそも「日本」「国家」「天皇」と「学校」は，同時的かつ共振的に成立したというべきであろう（以上，佐藤1987，久木1990a：序説・1章，久木1990b，周1998）。

しかしながら，こうして「学校」が名実ともに古代に存在したからといって，それが以後の時代とともに伝播・拡大したわけではないし，文化的なトポスとなることが約束されていたわけでもない。中央集権国家の実務官僚を組織的に養成する「大学寮」は，単に「大学」とも称したが，古代が進むにつれて変

容・衰退し，律令体制の崩壊とともに終局を迎えてしまう。一般的な普通名詞というより，「大学寮」=「大学」をさす固有名詞というべき「学校」は，その適用範囲をいくぶん広げるけれども，それは古代を通じて〈支配者の聖域〉〈聖なる空間〉という観念に沿ったものであった。

　その後の時代になると，かかる特権的性格を保持した「学校」は，武士権力の支配の正統性と結びつくかぎりで反復される。複数の創建伝説が残されている中世の「足利学校」や，江戸幕府の直轄機関であった近世の「昌平黌」―「黌」は「学校」で，のちの昌平坂学問所―がそうである。近世のとくに後期には，各藩がいわゆる「藩校（藩学）」を開設し，「弘道館」「明倫館」など，儒教の経典から選んで家臣団の人材養成にふさわしい名称をつけているが，「学校」と名づけたものはほとんどない。「学校ト申ス事ハ公儀ニ御指障アリテ僭越至極」という18世紀末の老中の語りは，〈支配者の聖域〉〈聖なる空間〉を独占しようとする，幕府側の意図を端的にあらわしているといってよい（以上，久木1990a，神辺2010：2部4章）。

(2) 「教育」の来歴

　それに対して，「教育」は，古代や中世に用いられた形跡はみられず，近世の儒学的・統治的言説のなかで使用されるようになる。その典拠は，やはり『孟子』（尽心章句上）であって，初出はさらに遡るものの，「得天下英才而教育之」（天下の英才を得て之を教育す）とある。国王としての「君子の三楽」の一つを孟子が語ったくだりであり，語源の異なる「教」と「育」―前者は呪術的祭祀に起源をもつ統治原理で，後者は出産が原義―を合成した熟語だった。だが，この言葉が早くから普及・定着したわけではなく，修養主義・徳治主義的な「教化」や「教訓」「教誨」「教導」などが流通した。

　上述のように「学」や「校」は，もともと「教」の場ではあっても，「教育」の場ではない。系譜学的にいえば，「古代の学校」という表現は成り立つけれど，「中世の教育」はありえないのであり，「教育」がただちに「学校」を指示・連想するような，語用的な呼応関係はもとより存在しなかった。仏教や儒教の術語として多用された「教化」は，自らの修養によって周囲に影響を及ぼし，人々

を善に導くということであり，他者に対する積極的な働きかけを意味していたわけではない（以上，藤原 1981，周 1997，1999，広田 2001：1章）。

儒教が体制化される近世に入って，「教育」は，学問と政治の世界にようやく登場する。17世紀の陽明学者である中江藤樹や熊沢蕃山の著述や，それ以降の儒者の学問的言説に見いだされるが，18世紀末の寛政改革ののち，幕府の治者的言動に組み込まれるのが注目される。1796（寛政8）年の町触にみられる，「子弟ニ教育ヲ尽シ一族和合シ帳外者無之様可至旨申渡……其身代不持者共邪路ニ不入様ニ教育ヲ尽シ可申候」や，1802（享和2）年の蝦夷奉行への訓令に，「彼島未開地に有之，夷人共衣食住之三も不相整人倫之道も不弁儀，不便之次第に付，此度御役人被遣，御徳化を及し，教育を垂れ，漸日本風の風俗に帰し，厚く服従致候儀」とあるのが，その例である。前者は，「教育」が公的に語られた最初の事例であり，後者は，その後の植民地主義の先ぶれといえるものだ。ここには，発見された異質な他者―大人とは異なる「子弟」や「服従」すべき「夷人」―に対する，積極的な統治のあり方として語彙化しているのがわかる。

その後，幕府直轄の昌平坂学問所でも，武士の「教育」が語られるようになるし，近世最大の私塾・咸宜園を開いた儒者・広瀬淡窓は，朱子学的な「心」への問いを排した「教育ノ術」を語るようにもなる。もっとも「教化」をはじめとして，すでにさまざまな類似のボキャブラリーが行き渡っており，截然たる他者との関係に立つ「教育」の使用は，いまだ限定的であったといわなければならない。しかし大局的にみれば，近世後期の体制的秩序の動揺・危機に対応すべく，そうした既存の概念世界を超えた治者的思考が，この言葉に託され・賭けられたといってよいであろう（以上，藤原 1981，森 1993：4章，齋藤 2006）。

3　「学校」と「教育」の邂逅と転回―翻訳という忘却

このように「学校」と「教育」は，来歴を異にした支配・統治にまつわるアドホックな用語であり，近代以前の身分制社会を生きる大多数の人々にとっては，ほとんど無縁な言葉であった。彼らに根づいていたのは，日常生活と地続

きの「学び」と「習い」の世界であり，せいぜい生業と直結した「塾」や「学文」だったからである。それが19世紀後半，幕末維新期のウェスタン・インパクトを通じて，それぞれ西洋的翻訳語として再定義され，相即的に対応するような邂逅がもたらされるとともに，近代的な人間形成のための装置＝理念として広まっていくのだ。

　すなわち，「学校」は，「スクール（school，英）」「シューレ（Schule，独）」「エコール（école，仏）」―ギリシア・ラテンの古典語の〈閑暇・群れ〉が語源といわれる―の訳語として，「教育」は，「エデュケーション（education，英）」「エルツィーウング（Erziehung，独）」「エデュカシヨン（éducation，仏）」―同じく古典語の〈養い育てる〉が語源とされる―の訳語として，それぞれ装いを新たにする。注目したいのは，このときすでに制度化された「スクール」が家族の行う「エデュケーション」を取り込み，世俗的な国家を呼び出す近代的な統治システムとして概念化されていたということである。それは，近代的な学校教育のあり方，つまり子どもたちを〈未熟者〉として規律訓練の権力が作動する空間に囲い込み，「教師－生徒」関係のもとで資本制社会に適合的な身体技法を習慣化するという，その原風景が描き出されたことを意味しよう（以上，森 1993：3章，児美川 1995，寺崎 2002）。

　幕末維新期の洋学者たちは，西洋世界を直接・間接に経験しながら，近代的な各種文物を積極的に輸入・翻訳したが，かかる「スクール」と「エデュケーション」もまた，新たに発見・受容された近代西洋の所産であった。そして，それらに対応する術語として最終的に選びとられたのが「学校」と「教育」，すなわち支配・統治にかかわる観念的な来歴を有しつつ，これまで使用が局限されてきた，手垢まみれではない，その言葉だったのである。それらは相互に結びつきながら，言説化し，領域化し，システム化していくことになる。

　だが，それは決して歴史的必然とみるべきものでなければ，ただちに予定調和的に結び合ったわけでもない。当然のことながら，それぞれの概念世界に隔たりがあったし，さまざまな訳出が競うように林立したからである。明治維新という，ウェスタン・インパクトへの緊急避難的な対応のなかで，むしろ曲折

と葛藤に満ちたプロセスをたどるのであり，ほかの類語とせめぎ合いながら，事後的に合意形成が図られたのだ。「維新」とは，「復古」（レストレーション）―「古代」としての「近代」―を掲げながらの，「革命」（レボリューション）―「西洋化」としての「近代化」―を含意し，近代国家の両義的なプロジェクトは言葉の世界を大きく変える。「国民」化に先立つ，大多数の人々が親しんでいた生活世界もまた，混乱し，変貌し，そして馴致されていくのである（以上，藤原 1981，石附 1985，森 1993）。

4 教育史的語りを問い直す―どうみるか／どうするか

　この明治維新が「学校化社会」の端緒を創出し，「教育」の氾濫と喧噪の起点になっているのは間違いない。次章では，近代以降「学校」＝「教育」がどのようにして普及・定着し，「国民」化のための装置＝理念としていかに稼働・機能したのか，時期区分を試みながらみていくが，ここで先の教育史的語りにおける困難と矛盾をめぐって，さらに付言しておきたい。

　近年の教育史研究の動向として注目されるのは，辻本雅史らが提唱・実践している「教育のメディア史」であろう。その試みは，近代の学校教育を批判的に相対化する視点・関心から，「教育」を広義に「知の伝達」と捉え直し，とくに前近代に「教育」を再導入しようとするものである（教育史学会編 2007：11章，辻本 2010，ほか）。それはなるほど，「学校」を「知の伝達」メディアの一つとして処遇し，新たな研究構想と教育史像の可能性を切り開くとともに，ディシプリンとしての教育史の再活性化につながるかもしれない。しかし求められるべきは，たとえ教育史という枠組みから逃れられなくとも，あるいは，逃れられないからこそ，超歴史的に「教育」を条件化したり，脱文脈的に「教育」を命題化することへの自戒と自重ではないだろうか。

　つまり，「教育」の概念的な系譜を置き去りにして，そのカテゴリーを押し広げてしまうのではなく，「教育」とは別様の概念的可能性や未発の契機を歴史のなかに丁寧に掘り起こし，生活世界に埋め込まれた名もなき人間形成の営為を慎重にすくい上げることこそ必要だと考える。それは「教育」を媒介・拡

張しないで，多様な「知の伝達」のあり方を記述しようと努めることであり，人間形成的な次元・見地から，「教育」を等身大の歴史像に差し戻してやることなのだ(3)。このことは教育史の歴史認識のみならず，ディシプリンそのものの問い直しにつながる，厳しい実践的態度を要請するのはいうまでもない。

いささか既視感を誘うような，これは問題提起にとどまるが，一般に概念なるものが世界についての見方・考え方を構成する人々の歴史的経験の抽象であるとすれば，それを「教育」という概念について審問するのは，決して無意味ではないはずだ。広田照幸によれば，現代は「教育不信と教育依存の時代」であり，「教育の論理で教育を批判する」という構造になっているという（広田 2005：まえがきに代えて）。「学校」と重奏・連動する「教育」の語りは，いまやその外部を侵食・呑却して肥大化し，その行き先は，デッドロックに乗り上げているようにさえみえる。

そのなかで，「教育」という概念を内在的に組み替え・鍛え直すという考えや，「教育」を回避・拒否する露わな反教育学的な語りが現れたりした(4)。しかし，前者は上述した再帰的・逆説的なアポリアを，後者は「近代」自体に背を向けてしまう空疎さを免れず，手探りでもがきながら語りの方途を模索していくしかない。「教育」の語りは，その語りにくさ・語りがたさに支えられなければ危うい。

そういえば，第2章でふれた「プラスチック・ワード」（ウヴェ・ペルクゼン）──人々の思考や行動を無意識のうちに導き，現代世界を理念的・啓蒙的に操る「無定形のアメーバのようなことば」の一つには，「教育」が挙げられている。それが「歴史の底」が抜け落ちた，新しいタイプの抽象語になっているとすれば，かくして忘却された概念的契機と歴史的経験を問い直し・語り直すことは，わたしたちの〈想像力〉を解き放つための重要な鍵であるといってよい。

【平田 諭治】

注
（1）　時代区分が〈物語〉的な「国民史」叙述の舞台装置であるとしても，連綿たる時間の

流れを把握・認識するには，一定の根拠のもとにその流れを区切る必要があり，単純に否定・廃棄すればすむという問題ではない。日本の歴史学は，ヨーロッパ・オリジンの三分法（古代・中世・近代）を受容・適用し，科学的で構造的な歴史認識の根幹に位置づけてきたが，その批判的な超克がいかにして可能か，もっと議論されるべきであろう。歴史的視野から国民国家と学校教育を扱う本章や次章にとっても，時代区分は最も基底的な方法論的問題だが，筆者はいまだ十分な見通しをもつことができないため，在来の時代区分に依拠しながら論を進めることを断っておく。日本の歴史学について，メタヒストリー的な考察を行ったキャロル・グラックは，時代区分の功罪に言及しながら，「日本の歴史学において時間がとりわけ区分され慣例化される傾向があるとしても，どの国の歴史家も時代区分への偏愛に悩まされる。歴史家にとって，時系列へのこだわりは職業的リスクであるにちがいない」と述べている（C. グラック 2007：3章）。

(２) 日本教育史の来歴としては，相当に単純化した語りであることは否めないが，単なる学説史ではなく，その制度化の位相を探り，省察的に問うてみる作業は，今後もっとなされるべきであろう。学問の再生産＝後継者養成が可能な，ディシプリンとしての日本教育史の制度化は，総力戦体制へと突入する1930年代ころから胎動し，新制大学における教員養成の制度化とともに確立したとみられる。そして戦後歴史学などの動向に触発・影響されながら，教育学固有の自律的＝自閉的なロジックに棹さすような，「近代」の政策・理念・運動を中心とする研究成果を蓄積してきた。その後，実証的な解明が精緻化するかたわら，対象・方法・枠組は多様化しており，新たな地平が開拓されるようになって，もはや久しいともいえる（平田 2003）。

(３) 「人間形成」という視座からみた「教育」の歴史的再審は，なにも目新しい主張ではない。例えば，かつては唐沢富太郎が「人間形成史として教育史を考える」ことを提唱・実践したし，森昭は「人間科学」として教育学を再定義し，より広い観点から「人間形成論」を構築しようとした。日本で「教育の社会史・心性史」の途を開拓・牽引した中内敏夫は，その当初は「近代教育史」の批判的相対化を意図して「新しい教育史」と銘打ち，「教育」の概念世界を「匿名」の歴史的人間にまで遍在させてしまうジレンマをかかえていたが（中内 1987），のちには「人間形成史・人間形成論」を積極的に提唱し，「教育」を歴史的概念として局限・抑制した（中内・小野 2004）。中内によれば，「教育学の主題を新しい課題意識に立って人間形成論に構成し直すにあたっては，二つの方途がある」という。その一つは，「『教育』の概念を拡大し，暗黙のうちに採用されてきた学校教授法（Schulkunde）のパラダイムからこれを開放する途」であり，もう一つは，「『教育』の概念を，受胎にはじまる人間形成の全過程のうち，知，情，意，動作の教材を介しての伝達と育成の分野に逆に限定する途」である（中内・小野 2004：はじめに）。中内はその後者をとるが，辻本らの「教育のメディア史」はその前者に該当するといえよう。もっとも中内の選んだ「方途」は，「教育」の概念的限定化が逆にその非歴史化をもたらしかねない。例えばジョン・デューイにみられるような，近代以降も更新を重ね

たことを忘れるべきではないし,「教育」との参照関係におかれた「人間形成」のカテゴリー化は, 遂行的で共犯的な危うさを免れるわけではない。だが, というか, だからこそ, かかるアポリアに寄り添いながら,「教育」という概念の歴史的構築性に向き合いつづける叙述の仕方が求められる。

（4） 近年では田中萬年が,「教育」の概念史をたどり, その社会通念に疑問を呈しながら, 盛んに排除・廃棄を提言しているのが注目される（田中 2002, 2006, 元木・田中 2009）。「今日の教育の混迷」を憂える田中は, 在来の教育学研究の認識枠組みを厳しく批判しながら,「教育」という概念が「明治」以来の政策的な「誤解」のうえに成立し, とくに職業的な側面や要素を分離・否定してしまったことを訴えている。「教育」という言葉に注目し, 歴史的に遡行して問題にするというスタンスは, 筆者も賛同・共鳴するところであるが,「エデュケーション」の語源やその翻訳・受容を「誤解」と捉える点など, その具体的な論証と記述については疑問なしとしない。教育史的語りにおける自己準拠的・同語反復的な構造に関しては, 見解を同じくするけれども, それでもこれまでの研究において,「教育」概念をめぐる歴史的解明が不問に付されてきたわけでは決してなく, むしろ相応の蓄積があるといったほうが的確である。先行研究に依拠した本章の考察と論述は, その一端を証明するものとなるだろうし, そのことを意図したつもりである。田中は「国民」を「呪縛」する「教育」に代わる新たな言葉が必要だとし,「エルゴナジー」―「生きること・働くこと・学ぶこと」を三位一体的に捉える造語で, 職業的自立をめざした人間形成を統合的に考える学問―という概念を提起している。

また, これは「教育」概念のポストモダン的展開というべきであろうか,「エデュケーション」（教育）と「エンターテインメント」（娯楽）を組み合わせた,「エデュテインメント」という造語がある。これは楽しみながら学ぶとか, 遊んでいるうちに自然と知識が身につくという意味だが, 例えば今世紀に入って世界中に展開した, 子ども向けの職業体験・社会体験型のテーマパーク「キッザニア」（子どもの国）は, この新語を理念として掲げている。多くのスポンサー企業によって成り立っている, この新しいコンセプトの商業施設は,「子どもが主役」の「本物そっくりの街」でさまざまな職種を自由に体験し, まさに「楽しみながら社会の仕組みを学ぶことができる」ということで, 人気を集めている。小学校などとも連携を図っているが,「キャリア教育」や「生きる力の育成」は, ここでは〈消費〉の対象であり, 学校教育を代替しつつ蚕食しているのだ（http://www.kidzania.jp（2012年4月閲覧）,「フロントランナー（キッズシティージャパン社長 住谷栄之資）」『朝日新聞』2011年7月30日付土曜版も参照）。近代的な「教育」概念の刷新という点では,「資本」からの要請もあるわけで, こちらのほうがはるかに先行して,「教育の混迷」にコミットしているともいえる。これまた反教育学的な〈挑戦〉の一つのかたちかもしれないが, この状況をどう捉えるかについても問われなければならない。

引用・参照文献

秋岡武次郎（1971）『日本古地図集成』鹿島研究所出版会

網野善彦（2000）『「日本」とは何か』日本の歴史第00巻，講談社

B. アンダーソン著，白石さや・白石隆訳（1997）『増補 想像の共同体－ナショナリズムの起源と流行－』NTT出版（Anderson, B.（1991）*Imagined Communities; Reflections on the Origin and Spread of Nationalism*, Revised Edition, London, Verso.）

石附実（1985）『西洋教育の発見－幕末明治の異文化体験から－』福村出版

海野一隆（1999）『地図に見る日本－倭国・ジパング・大日本－』大修館書店

応地利明（1996）『絵地図の世界像』岩波書店

加藤典洋（2000）『日本人の自画像』日本の50年日本の200年，岩波書店

神辺靖光（2010）『明治の教育史を散策する』梓出版社

教育史学会編（2007）『教育史研究の最前線』日本図書センター

C. グラック著，梅崎透訳（2007）『歴史で考える』岩波書店

黒田日出男（2003）『龍の棲む日本』岩波書店

神野志隆光（2005）『「日本」とは何か－国号の意味と歴史－』講談社

児美川佳代子（1995）「Educationの場としての学校－近代学校の性格規定についての試論－」『東京大学大学院教育学研究科教育学研究室紀要』第21号

齋藤尚志（2006）「広瀬淡窓の「教育ノ術」－礼楽刑政による解釈－」日本教育史研究会編『日本教育史研究』第25号

周禅鴻（1997）「教育の語源学(1)－〈敎〉と〈師〉の原義－」『東京大学大学院教育学研究科教育学研究室紀要』第23号

――（1998）「教育の語源学(2)－〈學〉〈校〉の原像－」『東京大学大学院教育学研究科教育学研究室紀要』第24号

――（1999）「教育の語源学(3)－〈育〉とその周辺－」『東京大学大学院教育学研究科教育学研究室紀要』第25号

田中萬年（2002）『生きること・働くこと・学ぶこと－「教育」の再検討－』技術と人間

――（2006）『教育と学校をめぐる三大誤解』学文社

辻本雅史（2010）「「教育のメディア史」試論－近世の「文字社会」と出版文化－」辻本雅史編『知の伝達メディアの歴史研究－教育史像の再構築－』思文閣出版

寺崎弘昭（2002）「教室空間と教師・生徒関係」宮澤康人編著『教育文化論－発達の環境と教育関係－』放送大学教育振興会

冨山一郎（2002）「国境」『岩波講座 近代日本の文化史』第4巻（感性の近代），岩波書店

中内敏夫（1987）『新しい教育史－制度史から社会史への試み－』新評論

中内敏夫・小野征夫編（2004）『人間形成論の視野』大月書店

新田一郎（2004）『中世に国家はあったか』日本史リブレット，山川出版社

B. バートン（2000）『日本の「境界」－前近代の国家・民族・文化－』青木書店

橋本伸也（2007）「歴史のなかの教育と社会－教育社会史研究の到達と課題－」歴史学研究会編『歴史学研究』第830号

久木幸男（1990a）『日本古代学校の研究』玉川大学出版部
——（1990b）『教育史の窓から』第一法規
平田諭治（2003）「日本教育史」『教職課程』臨時増刊号，第29巻第8号，協同出版
広田照幸（2001）『教育言説の歴史社会学』名古屋大学出版会
——（2005）『教育不信と教育依存の時代』紀伊國屋書店
M. フーコー著，小林康夫・石田英敬・松浦寿輝編（2006）『フーコー・コレクション』第3巻
　（言説・表象），筑摩書房（Foucault, M. (1994) *Dits et Ecrits 1954–1988*, Edition établie sous la direction de Daniel Defert et François Ewald, Paris, Ed. Gallimard, Bibliothèque des sciences humaines.）
藤原敬子（1981）「我が国における「教育」という語に関しての一考察」三田哲学会編『哲学』
　第73集
前野みち子（2006）「国号に見る「日本」の自己意識」前野みち子編『日本像を探る－外から見た日本・内から見た日本－』言語文化研究叢書，名古屋大学大学院国際言語文化研究科
三谷博（1997）「維新日本の「世界」規定」山内昌之・古田元夫編『日本イメージの交錯－アジア太平洋のトポス－』東京大学出版会
元木健・田中萬年編著（2009）『非「教育」の論理－「働くための学習」の課題－』明石書店
森重雄（1993）『モダンのアンスタンス－教育のアルケオロジー－』ハーベスト社
吉見俊哉・テッサ・モーリス=スズキ（2010）『天皇とアメリカ』集英社
李孝徳（1996）『表象空間の近代－明治「日本」のメディア編制－』新曜社
若林幹夫（1995）『地図の想像力』講談社

第4章 「学校／教育」システムの近現代史

第1節 日本の「国民」はどうつくられてきたかの時期区分

　近代以降の国民国家・日本を考えたとき，「学校」と「教育」はどのように結び合って展開し，人々の「国民」化にいかに寄与したのであろうか。そしてその装置と営為をめぐって，「われわれ」が経験している歴史的な位相をどう理解・認識したらよいのだろうか―第2・3章を受けて論じたいのは，このことである。既述のように，国民国家は「閉じた自己産出的システム」(佐藤俊樹)をもち，世界システムのあり方と切り離すことができない。以下においては，そのマクロな秩序変容に対応する歴史的な展開を，次のような三つの時期に分けて考察していく[1]。

　1870年代から1910年代まで
　　「学校／教育」の制度化と「国民」の創出の時期　（第1期）
　1920年代から1970年代まで
　　「学校／教育」の普遍化と「国民」の更新の時期　（第2期）
　1980年代から現在まで
　　「学校／教育」の再構成と「国民」の省察の時期　（第3期）

　国民国家が成立して存続するためには，原理的に異なる「国家」と「国民」と「資本」が調和的に節合しなければならないが，19世紀後半から20世紀初めにかけての第1期は「国家」が，20世紀の前半から後半にかけての第2期は「国民」が，そして20世紀終わりから21世紀にかけての第3期は「資本」が，それぞれヘゲモニーを握っていた・いるといってよい。ただ各時期におけるほかの二者，つまり第1期は「国民」と「資本」，第2期なら「国家」と「資

本」,第3期であれば「国家」と「国民」は,ただ従属的な地位に甘んじているというわけではない。常に主導権争いを演じながら,国民国家をダイナミックに生成・拡張・再生しているところに,その構造的な特徴が存するというべきである。

以下では各ステージを代表し,人々の学びをエンカレッジした語り—次世代の生き方に関わる教説や物語—をまず掲げ,それを補助線としながら,「国民」の〈かたち〉づくりの系譜と遍歴を論じようとする(なお,本文中の文献表示は簡略にとどめる)。そこで中心的に問われるのは,「学校／教育」システム—「学校」と「教育」が相互に乗り入れ・絡まり合いながら膨張する,理念・制度・実践すべてにまたがる国民国家の主要な「自己産出的システム」—の成り立ちとその行方にほかならない。

第2節 「学校／教育」の制度化と「国民」の創出
―1870年代〜1910年代

1 「一身独立して一国独立する」ために―福沢諭吉の語りとその時期

> 「貧富強弱の有様は,天然の約束に非ず,人の勉と不勉とに由って移り変るべきものにて,今日の愚人も明日は智者となるべく,昔年の富強も今世の貧弱となるべし。古今その例少なからず。我日本国人も今より学問に志し,気力を慥にして先ず一身の独立を謀り,随って一国の富強を致すことあらば,何ぞ西洋人の力を恐るるに足らん。道理あるものはこれに交わり,道理なきものはこれを打ち払わんのみ。一身独立して一国独立するとはこの事なり。……外国に対して我国を守らんには,自由独立の気風を全国に充満せしめ,国中の人々貴賤上下の別なく,その国を自分の身の上に引き受け,智者も愚者も目くらも目あきも,各々その国人たるの分を尽さざるべからず。」(福沢 1978:28-30,今日的には不適切な差別的表現も含まれるが,歴史的文章としてそのまま引用)

これはよく知られている,福沢諭吉の『学問のすゝめ』のなかの一節である。近代黎明期の学びの主体化を導く語りとなれば,この時代をリードした啓蒙思想家の一大ベストセラーを挙げないわけにはいかない。1872(明治5)年に刊

行された初編から 1876（明治9）年の第 17 編まで，毎編およそ 20 万冊，合計 340 万冊という驚異的な売れ行きを示し，1880（明治 13）年に合本となるが，偽版も出回るほどであったという。明治新政府への出仕を固辞し，精力的な言論・著述活動や慶應義塾での人材育成に半生を捧げた福沢だが，「新日本」の「筋書」「台帳」の一つとして，「力て難解の文字を避て平易を主」とした本書が，いかに多くの人々に熱烈に迎えられ，大きな影響を与えたかがうかがわれる（福沢 1898：緒言）。

本書は，それまでの身分制秩序を否定し，人がなんであるか・なにに生まれたかに重きをおく帰属原理から，なにができるか・なにになるのかに価値をおく業績原理—その体制化された社会が「メリトクラシー」—へのパラダイム・シフトを高らかにうたった，画期的な書物である。と同時に，その第3編からの引用にあるように，いわば精神革命を通したナショナリズムを喚起し，日本における「国民」の創出を訴えた最初の著作であった。

(1) どんな時期か—「国家」のヘゲモニー

明治維新期の 1870 年代から第一次世界大戦期の 1910 年代というのは，こうした語り方が訴求力をもち，「国民」化の回路として「学校」と「教育」が制度化された時期である。西洋主導の世界システムが東アジア地域を席巻するなかで，その辺境に位置した日本が明治維新を経て，「学校」などさまざまな「国家のイデオロギー装置」（ルイ・アルチュセール）を整備・稼働し，西洋世界の末端につらなる後発の資本主義国家，すなわち近代的な国民国家になりゆくのがこの時期といってよい。

「何ぞ西洋人の力を恐るるに足らん」—自らが「文明」化して被植民地化の危機を脱し，「国家」としての「独立」を保つことを至上命題としたが，それは西洋を模倣して主体化＝従属化する「自己植民地化」と，その事実を隠蔽・忘却しようとする「植民地的無意識」，そして帝国主義的な「植民地主義的意識」が進行したことを意味する（小森 2001：1章）。「文明」とは，否定すべき「未開／野蛮」を常に発見・捏造し，被植民地化の危機感を反転させて「植民地主義」を正当化する，近代西洋の普遍主義的なイデオロギーのことだ。日清・日

露戦争期には,「文明」化の進捗とともに「日本人」という「国民」意識が形成されるが,それは日本がアジア唯一の植民地帝国として確立していく過程でもあった。その「文明」のイデオロギーが問い直され,帝国主義の正統性が疑われるようになる契機が,第一次世界大戦であり,「文明」こそが「野蛮」だったわけである。

明治新政府は,近代的な統一国家の樹立を急いだが,この新たな「国家」に正統性を付与し,人々にそのありようを可視化したのが「天皇」であった。それまで大多数の人々に正体不明な〈異人〉と観念されていた「天皇」は,西洋による被植民地化の危機意識から,まさに「創られた伝統」として「国家」の正統性原理にすえられたのだ(安丸 1992)。いわゆる「天皇制」は,西洋のキリスト教に代わる擬似宗教として,つまり「国家宗教」=「新しい国民統合のイデオロギー」として創造され,「国民」を「臣民」として「国家/天皇」に包括・統合していく(西川 1998)。

福沢は「もとこの国の人民,主客の二様」と述べたが,近世の身分制秩序のもとで「客分」=被治者だった人々は,大日本帝国憲法下において「臣民」と名指しされ,制度的には「客分」のまま「国民」化が図られることになる(牧原 1998)。福沢が求める「国家」を自発的・主体的に支える「国民」と,「天皇」のもとに一元化されて「国家」の義務を担う「臣民」―この「国民/臣民」のもたれ合い・せめぎ合う二重構造が,近代国民国家たる「大日本帝国」の特徴であり,それは植民地帝国としての支配のあり方にも連鎖した。植民地の人々は,「同化」政策のもとで「国民/臣民」として位置づけられたが,その重層的な構造が,いわば「客分」の「客分」としての抑圧と差別を隠蔽したのである。

2　システムの構築―〈人材育成〉と〈国民形成〉の制度設計

(1) 制度化のプロセス

それでは,この時期,「学校」と「教育」はどのように制度化され,いかにして「国民/臣民」を創出・編成したのか。その本格的な出発点となったのが,

文部省がその創設の翌年（1872年）に公布した，「学校」の壮大な制度設計である「学制」であり，太政官がその趣意を説明した「学制布告書」である。洋学者を中心に西洋諸国を参酌して起案された「学制」は，全国を大・中・小の「学区」に区分して段階別の「学校」を中央集権的に配置し，各「学校」については「等級制」という試験進級制によって編成するものであった。「学制布告書」は，「学校」に馴染みのない大多数の人々にその必要を説き，「学問は身を立るの財本」と立身出世主義を強調しながら，身分制秩序からの解放そして転換を宣言している。

　ここには端的に，「学校」から「文明」を行き渡らせようというねらいがあった。この時期は，西洋の学術研究の世界にパラサイトしながら，外国教師の招聘や海外留学の推進に比重をおいていた。だが，文部省が太政官に提出した「学制発行ノ儀伺」にみるように，「国家」の「富強安康」は「一二ノ聖賢」によるのではなく，「一般人民」が「文明」に浴さなければならない。これは福沢の考えに通じるが，明治新政府としては，まず「学校」ありきで，各地に余すところなく小学校を設け，それまでの共同体秩序から子どもたちを引き離して，「学校」＝「文明」という異界に追い込もうとしたのだ。まさに西洋の「文明」を源泉とする「自己植民地化」の尖兵となったのが，近代の「学校」にほかならない。

　こうして「学制」は，自然村的な共同体の羈絆（きはん）から解き放たれるべき個人を総「文明」化し，近代的な「国家」を担う「人材」としての育成を図ったわけだが，となると，その個人を主体としてひとしなみに遇する，「想像の共同体」（ベネディクト・アンダーソン）としての「国民」の創出は後手に回る。福沢の思想は，たしかに多大な影響を与えたが，明治政府は「一身独立して一国独立する」というその順逆を入れ替えて，新たな「国家」の建設と独立を最優先にしなければならなかった。「学制」は1879（明治12）年に「教育令」へと改正され，その後も法令上の変更を重ねるが，およそ「学校」と「教育」をめぐる制度形成は，「国家／天皇」を審級としながら，競争主義的な〈人材育成〉と平等主義的な〈国民形成〉という，二つのモメントを動力として展開したといってよ

い。

　その制度的な完成形は，20世紀初頭の1900年代にみられる。「国家」の「須要」を原則とする特権的な帝国大学を頂点とし，「国民」を「臣民」として成型する小学校を義務とした，序列的・選別的な「学校／教育」システムがそれである。このシステムは，資本主義の発展と近代社会の成長に対応するもので，ここに官僚任用試験制度と結合した「学歴主義」が生成した。そこでは，帝国大学に入学するひと握りの学歴エリートであっても，かならず小学校の「国民／臣民」化を経由することによって，「国家」を逸脱しない「自己限定を行うことが予定されていた」（佐藤秀夫）のであり，「精巧なチェック・アンド・バランス機構」（寺﨑昌男）たることが構想されていたのである（以上，海後ほか 1965，寺﨑 1993：序説）。

(2)　相反するモメント

　では，その〈人材育成〉と〈国民形成〉という相反的なモメントは，具体的にどのように普及・浸透し，いかなる展開をみせたのか。競争主義的な〈人材育成〉のモメントは，いうまでもなく業績原理によって稼働する。ロナルド・ドーアが「後発効果」として指摘したように，その積極的かつ全面的な展開は，日本のような後発の近代国家において顕著だという（R. P. ドーア 1976＝1978）。異界として迫りくる「学校」は，当初は多くの人々にとって反発や抵抗の対象だったが，「等級制」下の小学校の試験は，旧来の村落共同体を巻き込んだコンクールとして挙行され，新たな共同体のイベントとして学校間・地域間の競争を誘発した。「学校」＝小学校は，地域共同体と結びついた試験と競争を重要な触媒にして，人々の間に受容されていくのである。

　のちに帝国大学に集約・統合される，少数の専門人材育成のための「学校」は，「外国語」を中心とした厳格な試験進級制を採用した。そこは「文明」化の最前線に立つ，いわば「日本のなかの西洋」であり，小学校とは別次元の世界であった。こうした試験には落第や中途退学など不可避だったが，小学校では1890年代に「等級制」から「学級制」へと移行し，やがて試験そのものも廃止される。だからといって，業績主義的なドライブが減退・消滅したわけで

はない。この時期はいまだ限られた人々の間だが，それは上級学校への進学，すなわち入学選抜試験をめぐる競争へと収斂していくのだ。「受験雑誌」もまた20世紀早々に登場するという，世界史的にみて「極めて特異な現象」（竹内洋）が現われたのである（以上，天野 1983，竹内 1991，斉藤 1995）。

　平等主義的な〈国民統合〉のモメントは，近代における新たな帰属原理の稼働ともいえる。義務制の小学校を中心にさまざまな仕組みと仕掛けが導入され，1890年代からハード・ソフト両面にわたる規格化が進行した。天皇・皇后の公式肖像写真である「御真影」，そして天皇名で発布された「教育ニ関スル勅語」（教育勅語）は，国家祝祭日の学校儀式などと相まって「学校」を「国家／天皇」の表象空間たらしめる。いまほど述べた「学級制」や試験廃止，それに入学年齢の統一や年齢に対応した「学年制」などは，同一空間における共時的・集団的な経験をもたらし，「国民／臣民」というナショナルな「種的同一性」（酒井直樹）を準備する。教育内容は一律に定められ，教科書は国定化されるが，そこでは「国語」という新教科を通して，地域・階層による言葉の断絶や音声と文字の懸隔を克服すべく，「標準語」の普及が図られていく。

　こうして，「国民／臣民」の形成を担うようになった小学校は，自然村的慣習を抱き込みながら新たな行政村の編成にも重要な役割を果たし，「国家」の統治体制の末端に組み込まれた近代的な地域のセンターとして機能した。「児童」と称される子どもたちの「就学」は日常的な光景となり，「学校」＝小学校は1910年代にはひとまず社会的な定着をみたのだ。いまだ生活共同体に根ざした習俗的な人間形成は健在だったが，「学校」は人々のライフサイクルの一角を確実に占めるようになったのである（以上，佐藤 2000，2004）。

　それでは，こうした〈人材育成〉と〈国民形成〉の重層的なモメントは，帝国主義的な植民地支配においてどのように立ちあらわれたのか。明治維新期に「蝦夷地」を北海道，「琉球王国」を沖縄県として強制編入した日本は，日清・日露の対外戦争を経て台湾および朝鮮を植民地とし，「同化」主義的な植民地教育を推進した。この場合「同化」とは，「文明」を語るイデオロギー的性格の強い統治言説であって，実際のところは，支配者と被支配者の非対称的な関

係を再生産し，植民地の人々を従属的な地位に固定化してきたといえる。

例えば，「韓国併合」の翌1911（明治44）年に発布された「朝鮮教育令」は，「朝鮮ニ於ケル朝鮮人ノ教育」はこれによるとし（第1条），教育勅語に基づく「忠良ナル国民」の育成と（第2条），教育の「時勢及民度」への適合という（第3条），二大原則を掲げた。つまり「同化」教育のもとで，「忠良ナル国民」としての同一化を標榜しながら，「時勢及民度」に応じた差別化が正当化されたのである。しかも教育勅語に基づいた「忠良ナル国民」の育成が，当初は「帝国ノ順良ナル臣民タラシムル」構想であり，「朝鮮民族ハ日本民族ニ対シテ従属的位置ニ立タシムル」意図だったことを考えると，「国民／臣民」というあいまいさがそのリアリズムをカムフラージュしたといってよい。

この時期の植民地教育は，「国語」としての日本語と低度の実業的内容が中心であり，全体的にみれば「普及の抑制」が基調であった。それは「日本人」という観念に準拠した，〈国民形成〉と〈人材育成〉の構造を反映するものであったといえよう（以上，駒込 1996：序章・2章，平田 1997：8章，駒込 2002）。

3　人々の受け入れ方―「学校／教育」が中心に

(1)　福沢の語りの宛先

ところで，はじめに掲げた福沢の学びの語りは，人々の間にどのように受容・消費され，あるいは翻訳・変奏されたのであろうか。

日本の古代史研究の確立に寄与した，歴史学者の喜田貞吉，日本のエネルギー産業の骨格を築いた，電力業経営者の松永安左エ門は，それぞれ少年のころに，次のようにいわれたという。すなわち，喜田は彼の進学を両親に勧める小学校の教師から，「今の時勢は百姓の子でも，学問次第でどんな偉い人にもなれる。一人くらいは櫛淵（喜田の生まれ育った村―引用者）から，日本の人間として活動するものを出そうではないか」と口説かれ（喜田 1982），松永は父親から，「これからは学問次第で，誰でも天子様の次の位になれる」と励まされている（日本経済新聞社 1980）。喜田は徳島県の「田舎の小農の末子」であり，松永は長崎県の「壱岐の商家」の「跡取り息子」だったが，ここには近代黎明

期にふさわしく,「学問のすすめ」が地域や階層を超えて反復され,力強い立身出世主義のメッセージとして表出されていることがわかる。

　それと同時に,立身出世の語り口が,地縁・血縁を基盤とした村落共同体や「天皇」を絶対視・神聖視するまなざしをともなっていることも,ここから確認することができよう。福沢がいうような「学問」を,不要・害悪とする語りも存在したが,「学校／教育」システムが確立・作動すると,人々はもう「学校」＝「文明」の社会的効用と無縁ではいられなくなるのだ。喜田と松永は,それぞれ帝国大学と慶應義塾に入学し,アカデミズムとビジネスの世界で「文明」の前進に従事する「人材」となり,立身出世主義のサクセス・ストーリーを体現した「国民／臣民」になったのである（天野 2005）。

　もっとも,喜田や松永のような人物はごく少数であり,福沢の語りの宛先としては,次のようなバリエーションも考えなければならない。例えば,1903（明治36）年当時のこと,沖縄県師範学校の島尻分教場のある教師は生徒たちに対し,「普通語ノ熟不熟ハ卒業後就職ノ際御前等ノ価値ヲ定ムル一条件デアルゾ」と叱咤したという。これまた立身出世の欲望に結びつく語りだが,抽象的な言説として「学問」が奨励されているのではなく,具体的に「普通語」＝「標準語」の習得が「条件」とされている。教師になるのであれば,「標準語」を身につけねばならないのであり,それは「未開／野蛮」な「周辺」から脱却し,「文明」の「中心」にアクセスすることができるということだ。このことは,「同化」政策が進展するなかで,生徒たちが「琉球語」などの母語をみずから蔑視・抑圧し,「標準語」の規範的価値をすすんで内面化することにつながる。そしてその生徒たちが教師となって,沖縄の子どもたちと向き合うことになるのだ。

　そもそも,上述した「国語」は,国境内のあらゆる異言語を「方言」として否定・排斥し,人為的に設定・彫琢した「標準語」を制度化したものである。そのことを考えると,こうした事態はすべての「地方」で多かれ少なかれ起こりえたことだが,とりわけ「大日本帝国」の辺境に位置づけられた沖縄では苛烈な反応をもたらしたのであり,さらには台湾や朝鮮などの植民地との間に連鎖的・重層的な抑圧と差別の構造を生じることにもなる。それは「脱亜論」

(1885年)へと行き着いた福沢の二分法的な「文明」論の帰結にほかならず,「未開/野蛮」と名指しされた異質な他者が「国民/臣民」たることを求め,「国家/天皇」を自発的に支えることを意味している。人々の間にさまざまな差異と分断をもち込むことで,そうした支配的秩序は形成・維持されたのである(以上,ましこ1997:2章,牧原1998:4章,石田2000:1部)[2]。

(2) 福沢の語りの黙殺

最後に,この時期の「学校」と「教育」という言葉に注目すると,当初はいまだ流動的・相対的な概念だったのが,以上のような近代的な国民国家としての形成過程を経て,「国家/天皇」を審級とした求心力と安定性を獲得していったといえる。福沢の「学問のすすめ」は,結局のところ,規律訓練的な「学校/教育のすすめ」へと水路づけられたのである。第3章で述べたように,それぞれ西洋的翻訳語として再定義されたわけだが,文部省が「学校」と「教育」を一体的に組織し,その管轄を一元的に統合していく。そのプロセスにおいては,「宗教」や「学問」と絡んだ主導権争いを惹起したが,「教育」は「教化」を取り込み,「学問」との棲み分けを図りながら,その意味世界を拡張することとなった(谷川2008,吉田2011)。

そのなかで,1890(明治23)年の「教育ニ関スル勅語」は,「学校/教育」をめぐる社会通念を創出する,一つの決定打になったとみられる。今日でも「登校」「下校」というように,「学校」を無意識的に上位におく観念が浸透・定着しているが,これは〈支配者の聖域〉〈聖なる空間〉としての来歴をもちながら,近代的な「学校」が「国家/天皇」の祝祭空間として編み直されたことに由来しているのではないだろうか。それは植民地などでの名称のつけ方―台湾での「公学校」「教育所」や朝鮮での「普通学校」など―にも,延長・敷衍されたのではないかと考えられる。

もちろん,「学校/教育」が人々の間に広まっていくうえで,「出版資本主義」(ベネディクト・アンダーソン)の成立は不可欠であり,新聞・雑誌を主とするメディア言説が果たした役割は大きい。「学歴主義」は,〈学問歴〉でなく〈学校歴〉を基軸とし,新たな身分として「学校出」がもてはやされるようになる

のだ。こうして，この時期には「学校／教育」が生活世界において比重を高め，人々は「学力」や「能力」で語られるようになっていく。しかしながら，それは福沢が考えていた方向とは違っていた。

　福沢は『西洋事情』(1866年)では，「文明の政治」の要件として「学校を建て人才を教育すること」を挙げていた。ところが，明治維新を経た20年余後の「文明教育論」(1889年)になると，人々の間に「大なる誤解」を生じるようになり，次のように難じるようになる――「学校は人に物を教うる所にあらず，ただその天資の発達を妨げずしてよくこれを発育するための具なり。教育の文字ははなはだ穏当ならず，よろしくこれを発育と称すべきなり」と（山住 1991）。これが発表されたのは，教育勅語が発布される前年だが，当時の「我が国教育の仕組」や「世間に行わるる教育の有様」は，すでに彼の考えから著しく離反・逸脱するものとなっていた。日本の近代化のオピニオン・リーダーとして，絶大な影響力を誇った福沢だったが，「教育」に代えて「発育」をという提言は，みごとに黙殺されてしまったといわなければならない（田中 2002, 2006）。

第3節　「学校／教育」の普遍化と「国民」の更新
―1920年代～1970年代

1　「地球を包んでしまうような網目」のなかで―吉野源三郎の語りとその時期

> 「君が生きてゆく上に必要な，いろいろな物をさぐって見ると，みんな，そのために数知れないほどたくさんの人が働いていたことがわかる。それでいながら，その人たちは，君から見ると，全く見ず知らずの人ばかりだ。この事を，君はへんだなあと感じたね……人間は，人間同志，地球を包んでしまうような網目をつくりあげたとはいえ，そのつながりは，まだまだ本当に人間らしい関係になっているとはいえない。だから，これほど人類が進歩しながら，人間同志の争いが，いまだ絶えないんだ。裁判所では，お金のために訴訟の起こされない日は一日もないし，国と国との間でも，利害が衝突すれば，戦争をしても争うことになる。……だが，コペル君，人間は，いうまでもなく，人間らしくなくっちゃあいけない。人間が人間らしくない関係の中にいるなんて，残念なことなんだ。」（吉野 1982：96-97）

これは，第二次世界大戦後の平和運動の仕掛人というべき，ジャーナリスト・吉野源三郎が戦前に著した，『君たちはどう生きるか』のなかの一節である。ファシズムの脅威のなかで，ヒューマニズムの精神を次世代に伝えようと，山本有三が企画・編纂した叢書『日本少国民文庫』の一冊として，日中全面戦争へと突入する，1937（昭和12）年に刊行されたものだ。太平洋戦争が始まると出版できなくなるが，敗戦後には改訂・再刊されて読み継がれた，丸山眞男が「少年用図書の『古典』」と評した名著である。「吉野さんの思想と人格が凝縮されている，この1930年代末の書物に展開されているのは，人生いかに生く
・・
べきか，という倫理だけでなくて，社会科学的認識とは何かという問題であり，
・・・・
むしろそうした社会認識の問題ときりはなせないかたちで，人間のモラルが問
・・
われている点に，そのユニークさがある」とされる（丸山 1982）。

　物語は，「コペル君」こと中学2年生の本田潤一が，大学を卒業したての「叔父さん」を指南役に精神的に成長していく様子を描いている。引用したのは，コペル君が「発見」した「人間分子の関係，網目の法則」について，叔父さんが「感心」しつつ加えた説明の部分である。

(1) どんな時期か――「国民」のヘゲモニー

　第一次世界大戦後の1920年代から東西冷戦下の1970年代というのは，こうした語り方が希求されるような，「極端な時代」としての「短い20世紀」（エリック・ホブズボーム）が顕著に現れた時期である。「地球を包んでしまうような網目」――帝国主義がもたらした世界の分割化と一体化は，その矛盾や対立から「人間同志の争い」を激化させ，総力戦として遂行された未曾有の二つの世界大戦は，「人間」の存在論的な地平まで揺るがすようになる。大量破壊兵器の出現は戦争そのものを変え，国家総力戦は「人間」を丸ごとその手段と化したのだ。

　第一次世界大戦は，日本の産業構造の重化学工業化と，それにともなう没「人間」的な大衆社会化をもたらした。第二次世界大戦は，総力戦体制の構築を不可避とし，人的・物的な「資源」を全面的に動員すべく，あらゆる領域の大幅な編成替えを進行させる。「国民化と大衆化の二重過程」のなかで，アジ

ア・太平洋戦争へと突入する 1930 年代に入ると，それまで以上に民主的かつ暴力的に，「皇民化」という「国民」化が推進されることになり，さまざまな劣位・周辺におかれた人々まで，「帝国臣民」として主体化＝従属化していく。そして，この総力戦体制への移行が，社会福祉政策や大衆消費社会など「戦後日本」のあり方を方向づけたといわれる（有山 2001，山之内・コシュマン・成田 1995）。

もちろん，この時期を二分する敗戦と占領は，「大日本帝国」から「民主国日本」へ，そして「軍事大国」から「経済大国」への自画像の断絶と転換をもたらした。けれども，占領国アメリカとの「談合的なコラボレーション」は，「野蛮」な共産主義を敵とする冷戦のもとで，「天皇制」を「象徴天皇制」として存続せしめ，沖縄を差し出して要塞化せしめる。いわば準戦時体制としての，「戦後日本」をもたらしたのだ。それはすなわち，日本がアメリカ合衆国の「新たな植民地体制」に組み入れられ，その世界戦略および東アジア政策の担い手になったことを意味する（姜 2001：5 章，酒井 2005）。

そこで反復されたのは，「植民地的無意識」＝帝国支配や戦争責任の忘却・無化と，「植民地主義的意識」＝賠償問題を隠蔽・免責する経済的な「協力・援助」であり，日本はアメリカともたれ合う開発主義的な「経済大国」となって「新植民地主義の代理人的役割(エージェンシー)」を果たしていく（小森 2001：3 章）。「文明」のイデオロギーは，ここにアメリカを模倣しながら共犯的に再活性化したといってよい。

総力戦下で「皇国民」として囲い込まれた「帝国臣民」は，日本国憲法下の「主権在民」によって再構成された。ここで単一民族主義的な「日本人」＝「日本国民」は主権者として確定されたが，それは「国民／臣民」の重層構造を払拭・解消しながら，旧植民地の人々を「外国人」として析出・除外するものであった。「日米談合システム」のもとで，「日本国籍」を無条件に一斉剝奪し，「無国籍」状態に追いやったのである（尹 1997：3 章，鄭 1998，古関 2010）。「国民主権の砦」（ロジャース・ブルーベイカー）としての国籍は，人々を「国家」へと配分する「メカニズム」として，まさにその暴力性を作動させたのだ。

戦時体制から戦後体制への断絶／継続のなかで，こうして「国民」は絶対的な言葉づかいで更新され，「国民」名義の閉鎖的な社会空間が形成されたのである。「戦後日本」は決してナショナリズムの否定ではなく，戦前とは異なるかたちのその追求にほかならなかった。名実ともに「国家」の主人公となった「国民」だが，その歴史的な経緯を考えると，依然として「臣民」としての「客分」意識を引きづりながら，吉野のいう「本当に人間らしい関係」からは遠ざかってしまったのだといえよう。

2　システムの転回と拡大―〈人材育成〉と〈国民形成〉の止揚とその行方

(1)　変革のパラドックス

では，「国民／臣民」づくりのための「学校」と「教育」は，この激動の時期にどのような変容と転回をとげたのか。それは制度化された「学校／教育」を内部から変革・再編しようとする実践と運動，すなわち1920年代に盛んになった「大正新教育」から，その模索がはじまったとみられる。代表的な拠点校であった成城小学校の「創設趣意書」(1917年) は，次のようにいう。

すなわち，「我が国の小学校教育が明治維新後，半世紀になした進歩は，実に嘆賞に値しますが，同時にまた，此の五十年の歳月に由つて，今や因襲固定の殻が出来，教育者は煩瑣な形式に囚われかけました。外観の完璧に近い程の進歩の裏には，動もすれば，教育の根本精神を遺れて形式化せんとする弊害を醸しつつあるように思われます……されば今こそは此の固まりかけた形式の殻を打砕いて，教育の生き生きした精神から児童を教養すべき時であろうと思います。実に我が国現今の教育は単に小学校教育のみならず，あらゆる方面に亘つて種々の意味に於て革新を要望されています」と。

この成城小学校を「実験学校」として創設した沢柳政太郎は，「教育上の新らしき努力を試みん」として，「個性尊重の教育」など四つの理念を掲げた（新田 1971）。長らく文部官僚として「学校／教育」の制度設計に携わった沢柳が，一転，民間の一校長として自己省察的な「革新」（イノベーション）に乗り出したのだ。これは資本主義の発展に呼応しながら，受け身的な「客分」たる地位

に甘んじない，自発的・主体的な「国民」を「新学校／新教育」から育成しようとするものである。

こうした「学校／教育」を変革・再編しようという動きは，1930年代の総力戦体制下において一段と進展し，「天皇」のもとでの「臣民」を称揚・強調する「国民」化がさらに加速する。それは，「新学校／新教育」を志向した「学校／教育」のイノベーションが，近代的な知のあり方を全面的・原理的に問い直す「国家」プロジェクト―「国体明徴」そして「教学刷新」―として，ドラスティックに展開されたといってよい。そこでは，習俗的な人間形成と西洋的な「学校」の乖離や，学歴エリートのための「学問」と「臣民」としての「教育」の分離が問題視されたのであり，競争主義的な〈人材育成〉と平等主義的な〈国民形成〉の矛盾が俎上にのせられたのだ。

当然のことながら，西洋的翻訳語としての「学校」「教育」そのものに疑念や反省が向けられた。その結果，制度的には放逐したはずの「塾」や「教化」など前近代的な概念が呼び出されたり，総力戦に即応した新たな包括的概念として「錬成」が打ち出されることになった。文部省の造語である「錬成」は，「皇国の道」という目的に収斂する「錬磨育成」であり，「学校／教育」の矛盾を止揚するトータルな人間形成原理である。敗戦を境に姿を消したが，「皇国民」の育成を強力に推進する指導理念としてもてはやされたのである（寺﨑 1987：序章）。

しかし，これで「学校」や「教育」が否定・代替されてしまったかというと，そうではない。むしろ，事態はまったく逆で，新旧の概念が入り乱れることによって，「学校／教育」は再活性化し，その意味世界を著しく拡大・強化したのだといえる[3]。西洋的翻訳語としては批判にさらされても，近代以前へと遡行して〈先祖返り〉すれば，どうなるか―第3章でみたような，〈伝統〉というトポスを招来する，支配と統治の来歴をたどることになり，「学校」「教育」を再発見してしまうのだ。しかも，その言説は実践レベルと自己完結的に循環し，社会の諸領域にあふれながら増殖することにもなった（広田 2001：1・2章）。それは工業社会化と大衆社会化の進行とともに，「学校／教育」がいっそう人々

の生活世界に食い込み，ライフサイクルに組み入れられるという実態を導いていく。

(2) 「就学」観の変化

ここで注目したいのは，それまでの小学校を改組・転換して成立した，戦時下の国民学校である。吉野が『君たちはどう生きるか』を世に問うた1937（昭和12）年，第1次近衛内閣のもとに教育審議会が設置されると，国民学校はその答申に基づいて制度化され，日米開戦へと突入する1941（昭和16）年より，植民地を含めて一斉に発足した。敗戦後には幕を閉じ，再び小学校となるが，その制度設計はまさに，「学校／教育」をめぐる戦前・戦時・戦後の断絶／継続を集約的にさし示している。

それでは，国民学校の基本的な性格や構造はいかなるもので，その歴史的な位相をどのように捉えたらよいのか。国民学校は，従前の「小学校令」(1900年) を全面的に改正した「国民学校令」(1941年) に規定され，戦後の「学校教育法」(1947年) によってわずか6年で廃止された。その「目的」は，「皇国ノ道ニ則リテ初等普通教育ヲ施シ国民ノ基礎的錬成ヲ為ス」ことにある（第1条）。ここに「錬成」は，「国民／臣民」化のための最高目的として君臨したが，「皇国ノ道」は教育勅語と対応づけられ，「学校」は「知徳相即心身一体ノ修練道場」と位置づけられた。

このため，教科の再編・統合や「綜合教授」の導入が図られ，子どもの自発性・主体性や生活との結びつきが考慮されたり，「学校／教育」の原理的な転換と拡張が図られ，家庭や地域などと一体的な24時間の「錬成」がめざされた。吉野の著作の叢書名にあるように，当時の子どもたちは「少国民」と呼ばれたが，それは「錬成」の対象たる「年少の皇国民」を意味するようになり，「聖戦完遂」を積極的に担う存在にならねばならなかったのだ（以上，山中 1986，大内 1995）。

それまでの小学校は，尋常小学校の6年間の「就学」―「小学校令」改正 (1907年) で4年から6年に延長―を義務づけていたが，国民学校は初等科6年と高等科2年からなり，満6歳から満14歳まで8年間の「就学」を義務化

した。実際は，戦局の悪化により高等科の義務制は実現しないが，これは戦後の小学校6年と中学校3年という，9年間の「義務教育」への布石となる。

ここで注意すべきは，「就学」についての考え方である。「小学校令」では，学年と年齢は一致する必要がなく，「尋常小学校ノ教科ヲ修了」することを「就学」の要件としていたのが（第32条），「国民学校令」では，学年と年齢を一致させながら，かならず「国民学校ニ就学セシムル」ことが定められ（第8条），「学校教育法」でも，その考えのもとに小学校や中学校などへの「就学」が明記される（第22・39条）。

つまり，従来とは異なり，子どもの年齢と学年の関係は固定的・硬直的となり，家庭そのほかにおける義務の履行や教科の履修は認められず，「就学」が「学校／教育」と相即的に定義されたのだ。もはや「学校」中心を超えた，それは「学校」絶対の体制化であり，「学校」に依存し，繋縛される「教育」の制度と思想の枠組みが，ここに確定されたといえる。それは「人間」を人的な「資源」＝軍事力・労働力と捉える，軍部や産業界の要請にも合致しており，戦後の経済中心の高度成長政策にも引き継がれる考え方であった。吉野とは対極的な，彼がもっとも危ぶんだ考え方が「国民」を制作・牽引したのである。

この「学校／教育」に全一的に囲い込もうとする極限的な体制は，劣位・周辺に追いやられた人々を対象化しながら，次のような局面にも及んだ。すなわち，国民学校になって，それまで認められていなかった，「貧困」を理由とする「就学」の猶予や免除が禁止され，「障害児」のための特別の「学級」や「学校」が設置できるようになった（平原1971）。ここに戦時動員体制と連動した抑圧や差別の是正が図られていき，こうした人々に対する「就学」の制度的な保障へとつながっていく。

「民主」と「平等」を標榜する戦後には，あらためて「学校」と称しうるカテゴリーが包括的に定められ（「学校教育法」第1条・いわゆる「1条校」），その「理想の実現」が「教育の力にまつべきもの」とされる（『教育基本法』前文）。そして高度経済成長期に入るころには，後述するような「学校」を与件とした「大衆教育社会」が現出し，「障害児」には「特殊教育」という名の「別学教育

強制体制」がもたらされるのである（苅谷 1995，篠原 1986）。

3 システムの境界—〈人材育成〉と〈国民形成〉の暴力性
(1) 〈国民形成〉の暴力性

だが，「学校」と「教育」と「国民」が互換的に結ばれる一元的な構造は，「大日本帝国」から「民主国日本」への自画像の書き換えのもと，（旧）植民地の人々にさらなる困難をもたらした。振り返ると，第一次世界大戦後には，台湾や朝鮮の植民地教育もまた改革が指向され，それまでの「民族」に準拠した「普及の抑制」から，「抑制のための普及」＝「統治の安全弁」へと転換した。1922（大正 11）年，新たに制定された台湾教育令や朝鮮教育令は，どの「民族」であるかは原則的に問わずに，「国語ヲ常用」するかどうかを基準とした普及を図った。

それが総力戦体制になり，「皇民化」政策が進められると，やはり「錬成」を掲げながら，より積極的に「学校／教育」が普及・徹底される。朝鮮では「内地」に準拠した教育令に改められ，異法域だった植民地でも国民学校が発足するが，ただその制度的な適用はきわめて限定的であった。「就学」についての規定を含めて，実態としては骨抜きにされているからである。つまり，「皇国民」として形式的には包摂しながら，その実質的な構成からは排除したのであり，「日本人」への「同化」を声高に求めながら，やはり従属的な存在へと押しとどめたのである（以上，陳 2001，駒込 2002，林 2010）。

こうした構造は，敗戦によって植民地を喪失しても反復され，「国民」の名のもとに暴力性を行使していく。植民地支配や総力戦体制の結果として，多くの東アジアの人々が「大日本帝国」への移住を余儀なくされたが，旧植民地出身者は「民主国日本」で一方的に「外国人」として処遇されるや，無権利状態におかれて自立的・主体的な「就学」の途は閉ざされてしまう。

それは「教育基本法」や「学校教育法」が包摂／排除の機制となったからであり，在日朝鮮人は「日本国民」へと「同化」する「就学」が〈恩恵〉として認められたにすぎず，朝鮮人学校はいわゆる「1条校」に該当しない「各種学

校」として認められたにすぎない。「就学」は権利ではないうえ，「各種学校」は「1条校」に比べて圧倒的に不利であり，工業化段階の労働市場を下支えするよう，朝鮮人を従順な低賃金労働者として扱おうとしたのである。

　他方で，アメリカの軍事要塞として再植民地化された沖縄では，「祖国復帰」運動とともに「国民教育」運動が高揚した。そこでは，非日常的な「共通語」＝「標準語」の励行が再び徹底され，戦前から用いられた手段として，「方言」（沖縄語）を相互規制する「方言札」が復活している。総力戦下で，「沖縄語」は否定されて「標準語」が強制され，日本軍からは「沖縄語ヲ以テ談話シアル者ハ間諜（スパイ－引用者）トミナシ処分ス」とまで命じられた沖縄だが，戦後は，アメリカ軍政下の虐げられた植民地的状況から脱しようと，「本土なみ」をめざした「日本国民」たる「教育」が過剰に求められたのだ。

　沖縄は，1972（昭和47）年に「復帰」するが，出稼ぎや移民として流出した多数の人々は，やはり工業社会の労働市場の底辺を支えており，屈折した「国民教育」はその状況に棹さすものとなる。〈内なる外〉である朝鮮の人々も，〈外なる内〉である沖縄の人々も，ともに「日本国民」に従属する位置におかれたのであり，「学校／教育」がその位置関係を正当化・固定化したのである（以上，小熊1998：4部，石田2000：1部）。

(2) 〈人材育成〉の暴力性

　こうして，前の時期には「国家」が「国民」を創出するプロジェクトだった「学校／教育」は，この時期になれば「国家」を征服した「国民」（ハンナ・アーレント）の手中に落ちたわけだが，それでは，〈国民形成〉とならぶ〈人材育成〉のモメントはどうなったのか。はたして，総力戦体制に入って俎上にのせられた両者の矛盾は，「錬成」へと集約されたその打開の方途によって解消・克服されたのだろうか。

　答えは否であり，〈国民形成〉とともに〈人材育成〉のモメントもまた，いっそう強まる。その相克は棚上げされ，両者は相互に乗り入れながら拡大・膨張したといってよい。この時期は，義務教育後の上級学校への進学率がほぼ一貫して上昇し，工業化段階の職業社会の形成や新中間層の増大と結びつきなが

ら，入学選抜試験をめぐる受験競争が一般化する（木村 2010）。開かれた競争・選抜とともに，官僚制をもたらした「学歴主義」が広がり，もはや「学校出」は珍しくなくなるのだ。業績主義的なドライブは，沢柳の成城小学校をはじめとする「新学校／新教育」を狂わせ，「皇国民」たる「錬成」を求めた総力戦下でも止むことがなかったのである。

　戦後改革において重要な位置を占める，1946（昭和21）年のアメリカ教育使節団報告書は，「超国家主義や軍国主義」はもとより，試験第一主義こそが問題だとして，次のように批判した――「受験準備に支配されている教育制度は，形式的になり，きまりきった型のものになる。それは服従しておればよいという気持を教師や生徒に起させる。それは研究の自由と，批判的判断の自由を奪って，そして社会全体というよりはむしろ狭い範囲の官僚主義のために，当局者の意のままに操縦されることになる」と（教科教育百年史編集委員会 1985）。

　この指摘は，「国民／臣民」が体制順応主義に陥り，批判的精神を失ったがゆえに，戦争への道をひた走ることになったのではないかという，重たい問題提起と受け止めるべきであろう。これは，「客分」からの脱却を唱えた福沢の学びの語りの，アイロニカルな帰結といってよい。そして報告書の本質的な批判にもかかわらず，試験第一主義の〈人材育成〉が超克されなかったとすれば，それは「客分」としての「国民」の再生産に寄与しつづけたことを意味しよう。

　戦後の高度成長は，「学校」＝「教育」＝「国民」という一元的な構造に業績主義的なドライブを埋め込み，人々に「総中流化」の夢を与えながら，開発主義的な「経済大国」を強力に導いた。大量生産と大量消費をもたらす，工業社会に対応した雇用と労働が普及し，「学校／教育」と企業・家族が一体になって，独特な大衆社会が現出したのだ。苅谷剛彦がいう「大衆教育社会」は，「教育」が量的に拡大した大衆社会をさすにとどまらず，「メリトクラシーの大衆化」と「学歴エリートの大衆支配」を，その要件としている（苅谷 1995）。第1期に成立した「学校／教育」システムのもつ「精巧なチェック・アンド・バランス機構」は，この第2期にあっても決して解体・崩壊してはいない。「国家／天皇」は飼い馴らされ，ひとまず後景に退くわけだが，階層的に再生産さ

れる学歴エリートと，大衆としてくくられる「国民」との関係において，その
メカニズムは維持・継承されたとみるべきであろう。

　こうして1970年代には，「学校／教育」的な価値が社会の隅々にまで浸透し
た「学校化社会」となり，あらゆる「地方」を開発主義的な「文明」のイデオ
ロギーで染め上げてしまった。人々を「学力」や「能力」で語ることも社会的
に定着するわけだが，この時期の代表的な教育実践家である東井義雄が批判し
たように，それは「村を捨てる学力」にほかならなかったのだ（東井 1957）。
そして上述した朝鮮や沖縄の人々は，不可視化された存在として，農村部から
都市部に供給される労働力の，いわば調整弁として機能したのである。このこ
とは，「国民」との共犯的な関係において成り立っていたことを忘れるべきで
はない。

4　人々の受け入れ方—「学校／教育」が絶対に

　ところで，先に掲げた吉野の学びの語りは，この時期にどのような意味を投
げかけるのであろうか。あるいは，彼の語りを通して，この時期をいかに見透
かすことができるのだろうか。

　前述したように，コペル君は見る／見られるという視座の転換から，自分が
「広い世の中の一分子」であり，しかも「大勢の人と，知らないうちに，網の
ようにつながっている」ことを「発見」した。コペルニクスになぞらえたコペ
ル君というあだ名は，「天動説」—自分を中心とする世界の見方から，「地動説」
—世界のなかの自分という見方へと，彼が大きく変わったことに由来し，「社
会科学的な認識」と切り結んで「どう生きるか」を問うという，吉野のメッセ
ージにもつながっている。

　こうした認識論的な転回は，コペル君が身近な事物の観察から出発し，自ら
思索を重ねて意味を探っていくという，その「経験」に基づくものであって，
決して叔父さんが一方的に教え込んだものではない。叔父さんは，コペル君の
「経験」を丁寧にすくい上げただけであり，かかる「ものの見方」が「大人」
にとってさえ，「きわめて困難な課題」（丸山真男）であることを確認している

のである（丸山 1982）。

　この時期は，たしかにそれが「きわめて困難」であることを証明してしまい，規律訓練的な「学校／教育」は，その「課題」を実質化することができなかった。だから叔父さんは，コペル君にこう諭さなければならなかった——「もしも君が，学校でこう教えられ，世間でもそれが立派なこととして通っているからといって，ただそれだけで，いわれたとおりに行動し，教えられたとおりに生きてゆこうとするならば，——コペル君，いいか，——それじゃあ，君はいつまでたっても一人前の人間になれないんだ」と。そして「肝心なことは，世間の眼よりも何よりも，君自身がまず，人間の立派さがどこにあるか，それを本当に君の魂で知ることだ」と説くのである（吉野 1982）。

　これまでみてきたように，「学校／教育」は，「国民」と結びつき，「人材」を求めるが，吉野にしてみれば，それは「人間」からかけ離れてしまうことを意味する。彼が描く叔父さんのコペル君への接し方は，「経験」のたえざる再構成として「教育」を定義し，民主主義を実現するためのラディカルな社会変革を提起した，アメリカの哲学者ジョン・デューイを彷彿とさせる（J. デューイ 1916＝1975）。だがこの時期，「新教育」として流行したデューイの思想と実践は，全般的にみれば中途半端な受容にとどまり，「学校／教育」のあり方を覆すにはほど遠かったといわなければならない。むしろ逆に，その自己準拠的な再生と膨張にくみしたといったほうがよいであろう。

　叔父さんは，世界認識としての「人間分子の関係，網目の法則」にかかわって，コペル君が「恵まれた立場」にいる「消費専門家」にほかならず，「苦しい境遇の中で働いている人々」の「生産」に支えられていることを気づかせている。吉野は資本主義的な「生産関係」を洞察しながら，「本当に人間らしい関係」を問うているのだ。コペル君は「貧しき友」の生活ぶりに衝撃を受けたが，「国民」の底上げと平準化が図られたこの時期は，そのリアリティが急速に失われていくのも事実である。

　一国主義的な「大衆教育社会」とは，「能力」や「学力」による差異的処遇には「差別」のまなざしを注ぎながら，周辺化・外部化されたさまざまな抑圧

や差別には無批判・無関心たりえた。そしてその行く先には,「消費専門家」たることを礼讃・謳歌する,脱政治化した「生活保守主義」が待ち構えていたのである。世界と自分を往還する「ものの見方」―これを「豊かさ」や「安定」と向き合いながら実践するのは,やはり「きわめて困難な課題」なのであろうか。

第4節　「学校／教育」の再構成と「国民」の省察
―1980年代～現在

1　「将来のためではなく現在をせいいっぱい楽しく」
―上野千鶴子の語りとその時期

> 「偏差値の呪縛から自分を解放し,自分が気持ちいいと思えることを自分で探りあてながら,将来のためではなく現在をせいいっぱい楽しく生きる。私からのメッセージはこれにつきるでしょう。高校で講演すると,私はとてもウケがいいのです。『こういう不況でよかったね。親や先生は二言めには,将来のためにがんばりなさいと言うけれど,そんな生き方はみんなカラ手形になりました』と話すと,子どもたちは『自分が好きなことをやっていいんだと思えた』と言ってくれます。明日の保証もさだかではなくなった大不況は,将来のために現在を犠牲にしてガンバるという近代の生き方を無効にし,そこからの転換をうながしています。」(上野2002：168)

　これは,フェミニズムの旗手として論壇をリードした,社会学者・上野千鶴子の『サヨナラ,学校化社会』のなかの一節である。東京大学大学院教授だった上野が,「教育という『現場』で考えつづけてきたことを語りおろした」,エッセイ風の体験的脱学校論であり,2008(平成20)年には文庫化されている。「教育」される側としての,「計24年間の超長期にわたる」学生生活と,「教育」する側としての,「ふつうの大学教師よりも落差の大きい」教師生活を振り返りながら,「学校化社会」が「偏差値競争」のもとで「敗者の不満」と「勝者の不安」をもたらす,「だれも幸せにしないシステムだ」といいきる。これまでみてきたような,近代の制度としての「学校」が「国民化の装置」であり,

「学歴資源」による「階層再生産のための装置」であることも，わかりやすく説かれている（上野 2002：2章・あとがき）。

現代社会に対するラディカルな問題提起の書でもあり，読み方によっては毒にも薬にもなりそうだが，上野が提言するのは，引用にあるように，「未来志向」や「ガンバリズム」―「将来」から脅迫される学びを脱却し，〈いま・ここ〉を大事にする「ポストモダンの生き方」である。福沢の『学問のすゝめ』が，近代の幕開けにふさわしい，「一身独立一国独立」のための学びを語ったとすれば，それから130年のちの本書は，そのなれの果てというべき「学校化社会」を俎上にのせ，ポスト近代にふさわしい脱文脈化した学びを訴えたといってよい。

(1) どんな時期か─「資本」のヘゲモニー

こうした「近代」の終わり＝「ポストモダン」的な状況に対応した学びと生の語りが主流化するのが，冷戦構造が動揺・崩壊してグローバル世界のなかで国民国家の行方が問われるようになる，およそ1980年代からの現代的特徴である。この時期にヘゲモニーを奪うのは「資本」であり，市場原理主義と経済のグローバル化を強力に体制化しようとする「新自由主義」が世界を席巻し，自由市場での競争や海外への企業進出が拡大・激化する。日本では，中曽根政権による「早熟的な新自由主義改革の試み」を経て，ポスト冷戦期の1990年代半ば以降になって，本格的に始動・遂行された（渡辺 2007）。

それまで，アメリカとの「談合体制」のもとで高度経済成長と大衆消費社会を達成し，「総中流化」といわれる「国民」の統合が集合的記憶の改ざんとともに実現したわけだが，ここにいたって，脱工業化に向けた国内の産業構造の再編・転換が不可避となり，グローバル競争のなかで従来的な「国民」統合は困難と危機に直面したのだ。それは具体的には，「ニューカマー」と呼ばれる新たな「外国人」＝移民労働者の増加や「少子高齢化」による人口構成の変動，「平等」信仰の崩壊と新たな「階級社会」の出現，生の「個人化」が引き起こす「私」の浮遊─これらが絡み合ってもたらされている（佐藤 2000，宇野 2010，など）。ここにおいて，「日本人」という閉じられた「国民」の形象は掘り崩され，

単一民族神話的なナショナル・アイデンティティは大きく揺さぶられたのである。

　しかしながら，そうした困難と危機ゆえにこそ，「国民」への集合的な欲望が回帰的・反動的に高まっていくことも，ここで指摘して強調しなければならない。そのノスタルジックな誘惑は，すでに第2章で述べたように，「国民」なきナショナリズム＝ポスト「国民」ナショナリズムというにふさわしく，ここに召喚されるのは「国家」である（姜 2009）。もはや「国家」は，「資本」と連携してグローバル化のエージェントとなり，「国民」から離床した。そこに「新保守主義」がネオ・ナショナリズムとして台頭し，「新自由主義」を補完するイデオロギーとして機能しながら，「国家」を源泉とする「伝統」「規範」「秩序」の再建設を図るのである（渡辺 2007）。

　「格差社会」批判や「新しい貧困」問題なども，「擬似問題」としてナショナリズムを呼び出してしまうし，新たな社会統合や公共圏の再構築の試みもまた，その行く先に「国家」を資源として求めることになる（高原 2006，萱野 2011）。それに「国家」の正統性原理として発明・創作され，アメリカと交配・癒着した「象徴天皇制」が，消費文化に埋め込まれながら「大衆天皇制」として展開し，「皇室外交」を通して日本経済のグローバル化に寄与していることも，看過できない（K. J. ルオフ 2001＝2003：結び，T. フジタニ 2003）。こうしたバックラッシュ的な共振現象は，やはり1990年代の半ばから前景化したのだ[(4)]。

　こうしてアメリカに植民地的に従属する現代の日本は，「文明化の最終局面」（西川長夫）としてのグローバル化に棹さしながら，「新自由主義国家」として〈帝国〉的な世界秩序を推し進めた。そして社会的な集合体たりえなくなった「国民」は，「個人化」した果てに「国家」を希求する「臣民」的存在へと再帰し，「植民地的無意識」と「植民地主義的意識」をスパイラルに昂進させているとみなければならない。それは冷戦という蝶番が外れてもなお，冷戦体制が存続する―沖縄はいまも「戦後」でありつづけている―なかで噴出した，さまざまな矛盾や抑圧に無関心でありつづけ，市場原理主義のもとで正当化されることになる，あらゆる差別や搾取にも無頓着になってしまうことを意味しよう。

いまや異質な他者をあらかじめ名指しし，絶対的な言葉づかいで抑圧・差別することは主流ではない。「示差的包摂」といわれる，中心的な規範からの差異の度合いによって統合するのが支配的であり，人種的・民族的な排除はその結果として立ちあらわれることになろう。しかしながら，それは継続する「植民地主義」の再構成にほかならないのだ（A. ネグリ・M. ハート 2000＝2003：2部6章）。国民国家の問い方と越え方は，依然として反復されるべき重たい課題なのである。

2　システムの動揺と再編―〈人材育成〉と〈国民形成〉への異議申し立て

(1)　「子どもの消滅」

それでは，こうした情況は「学校／教育」といかなる関係があり，上野が撤退を求めたその行方についてどのように考えればよいのか。前節で述べたとおり，「学校／教育」はこの時期，人々にとって身近で当たり前のものとなり，その装置と営為を抜きにしては，現代のライフサイクルを語ることができなくなった。「大衆教育社会」となり，〈国民形成〉と〈人材育成〉のモメントが相乗的に膨れ上がるにつれ，1980年代に入るまでには高等学校は準義務化し，第1期とは対照的に大学もまた大衆化する。「学歴主義」が浸透・定着し，「学校化社会」となったがゆえに，人々はよりよい〈学校歴〉を求める競争と選抜に群がった。

ところが，というか，それゆえ，こうした状況と踵を接しながら，「学校／教育」の存在意義が鋭く問われ，さまざまなかたちで異議申し立てが噴き出すのも，この時期の特徴である。それはまずもって，子どもたち―「学校」に行かなければならない，「教育」可能性の対象たる，その当事者の反応や変調として顕在化した。マスメディアに乗って大きな社会問題となった，1980年代以降の「不登校」や1990年代以降の「いじめ」などが，そうである。形態や要因はひとくくりにできないが，それらの根底には，これまでみてきた，そして上野が痛烈に批判したような，近代の制度としての規律訓練的な「学校／教育」と，変容する子どもの実像との深刻なジレンマが横たわっているとみなけ

ればならない。

　「子どもの消滅」（子どもはもういない）—こう喝破したのは，ニール・ポストマンである。大衆消費社会が現出し，マスメディアがあふれるようになると，大人が大人たりえていた知を子どもたちも等しく共有するようになり，近代的な構築物である「子ども期」の独自性は疑わしくなってくる。例えばテレビは，かりに文字の読み書きができないとしても，その視聴によって，さまざまな知—大人の失敗や秘密まで—がもたらされる。特別な配慮が必要な「子ども期」とは，大人が有する読み書き能力を学校教育を通して子どもたちが習得しなければならない。これが大人＝「文明」と子ども＝「野蛮」の落差に依存するものだとすれば，そうした事態は学校教育の正統性や近代的な価値観を掘り崩してしまうのだ（N. ポストマン 1982＝1985）。

　これは，アメリカの社会に追随する日本の社会にも当てはまることである。しかも双方向通信が可能なデジタル・メディアになれば，バーチャル・コミュニティの世界に棲まうことができるし，人間関係そのものを宙吊りにして覆すことだってできる。もはや「学校／教育」は，知の優越的・圧倒的な空間ではなくなり，上野のいう「学校化社会」を乗り越えようとする，「脱学校」（ディスクーリング）論が盛んになった。「教育」は価値相対主義や感性至上主義に通じる，シニシズムが侵食するようになり，受験競争は戦略的なゲーム性が強まって，「学歴主義」はその比重を低下させたのである（小玉 2003：5講，竹内 1991：6章）。

(2) 新自由主義改革

　新自由主義による「学校／教育」の改革は，こうした閉塞的な状況を打開すると同時に助長するという，アンビバレントな突破力をもって展開したといえる。その端緒を開いたのは，中曽根政権下の臨時教育審議会（臨教審）である。「戦後政治の総決算」をスローガンに掲げた中曽根首相は，それまでの福祉国家的な「大きな政府」を見直し，民営化や規制緩和による「小さな政府」をめざした。臨教審は，その首相の私的諮問機関として1984（昭和59）年に発足し，3年後に解散するまで，その後に影響を与える4次にわたる答申を出した。

臨教審内部には,「小さな政府」を推進する首相側（第1部会）とそれに反対する文部省側（第3部会）との鋭い路線対立があり，いまだ危機感に覆われていない1980年代当時の政治的・経済的な情勢だったから，その答申がただちに具体化・政策化されたわけではない。しかしながら，在来の「学校／教育」の構造的な枠組みを新自由主義の観点からラディカルに問い直し，その後に推進される「スリム化」へと舵を取りながら，〈国民形成〉と〈人材育成〉のドラスティックな再編成を試みようとしたことは，注目に値する。

臨教審が先ぶれとなり，21世紀に入って本格的に展開する新自由主義改革は，市場原理主義をカムフラージュした「強い言説」（加藤潤）を発しながら，異論や批判を封じ込めてしまう磁場をもたらした。もはや文部科学省―2001年の省庁再編により，文部省と科学技術庁が統合―も，その奔流にはあらがえない。特定のイデオロギーに偏しない,「個性化」「多様化」「自由化」「弾力化」などが言説としてあふれるが，それらが訴求力をもちえたのは，一つには「学校／教育」の矛盾や困難を打開するかのような，〈幻想〉を抱かせたからである。

「学校荒廃」や「教育問題」の解消・解決が唱えられ，例えば「個性尊重」は従前の「画一主義」と対抗的に語られる。ここでの「個性」は，前節でふれた「大正新教育」のそれとは似て非なるもので,「本人の選択にもとづく市場メカニズムによる個人と社会の関係調整のための語」（広田照幸）である。つまり「自己責任の原則」に委ねながら，流動化する社会に有用な「人材」を先取りするためのマジック・ワードだ。それはメディア社会のなかで，不信や不満が蓄積された「国民」の間に,「個性化幻想の画一的浸透」（佐藤学）という，アイロニカルな現象をもたらすことになる（以上，佐藤 1995，広田 2001：3章，加藤 2010）。

このことと関係するが，もう一つ，そうした言説が求心力をもちえたのは，「学校／教育」をサービスとして選択可能な〈消費〉の対象に位置づけたからである。これは大衆消費社会のなかで，生活保守主義に浸るようになった「国民」には親和的であり，換言するなら，新自由主義改革を受け入れる社会的な素地や基盤は，すでに培われていたのだといってよい。

例えば，義務教育段階での私立の「学校選択」志向や一部公立の「学校選択」制は，いわば商品化された「教育」を「消費専門家」というべき親や子どもが「ユーザー視点」で「購入」「利用」するところに成り立つ。そこで導入される「学校評価」は，数値化・可視化されてリーズナブルな「商品」選びを手助けする。けれども，その「商品」のラインナップや「評価」の基準については，「消費者」＝「ユーザー」の手には委ねられていない。しかも，それは効果的に「購入」「利用」可能な学歴エリート層に有利に働くから，「学校」の序列と「教育」の格差を促進し，社会の階層化と階層の再生産を助長することになるのだ。

　第1期に成立し，第2期に転回・拡大した「学校／教育」システムだが，その「精巧なチェック・アンド・バランス機構」は，ここでも瓦解することはない。その「精巧」さゆえにか，柔軟な適応をみせ，新自由主義的に再構成されているといえるであろう。それは社会の流動化に乗ることのできる学歴エリートと，その波に呑み込まれるままの残余の人々の間においてである（以上，大内 2002a，児美川 2002，加藤 2010）。

3　システムの現在—〈人材育成〉と〈国民形成〉の呪縛
(1)　ナショナリズムという回路

　それでは，こうした新自由主義改革の進行とともに台頭した，ネオ・ナショナリズムとしての新保守主義は，どのように「学校／教育」を規定したのか。新自由主義のグローバリズムは，「国民」統合の破綻をどう弥縫・修復するかという課題をかかえるわけだが，その新保守主義的な対応の典型が，2006（平成18）年暮れに安倍政権下で成立した，教育基本法の改正であった。前の時期の 1947（昭和22）年に公布・施行され，「準憲法」的な性格づけがなされてきた教育基本法は，ここに「教育の国家統制法」として再定置されたのである。

　改正された教育基本法は，改正前の「前文」と違って，「我々日本国民」を主語として語る形式をとり，「普遍的にしてしかも個性ゆたかな文化の創造をめざす教育」から，「伝統を継承し，新しい文化の創造を目指す教育」へと変

更された。「教育の方針」を廃し，「教育の目標」を設けた第2条には，大きな論議を呼んだ「愛国心」が法定化されている―「伝統と文化を尊重し，それらをはぐくんできた我が国と郷土を愛するとともに，他国を尊重し，国際社会の平和と発展に寄与する態度を養うこと」(第5項) が，それである。いまや教育基本法は，〈権力の拘束規範〉から〈国民の行動規範〉へと変質し，「国家」が階層分化した「国民」を民族主義的に再統合する理念となったのだ。これは，新自由主義の展開に歯止めをかけたのではなく，その改革を推し進めるための体制づくりにほかならなかった (日本教育法学会教育基本法研究特別委員会 2006，世取山 2006)。

　それに対して，新自由主義改革への批判的言説や対抗的構想もまた，その先に落とし穴―陥穽や隘路が潜んでいたとみなければならない。例えば，21世紀への世紀転換期に白熱した「学力」論争では，センセーショナルな語りをともなって「学力低下」が社会問題化し，子どもたちの学習意欲にまで及ぶ「学力格差」が俎上にのせられた。「学力」の危機は「国力」の危機という認識が，そこには強く作用・反映しており，その克服の途はナショナリズムに通じていたのだ (平田 2002)。

　あるいは，21世紀に入って脚光を浴びた「シティズンシップ教育」は，ポスト福祉国家＝「小さな政府」に対応した，いわば社会保障の「教育」化であり，社会や政治に自発的・積極的に参加する，「新しい市民」の育成をめざした。しかしこれも，「国民」の再生に通じているといわなければならない。しかも実際の参加は，社会階層の高い人々になじむものであり，その「教育」が「失敗」し，生み出された「非市民」が周辺化されることになれば，新自由主義と共犯的・同調的になってしまう (仁平 2009)。どちらも，新自由主義／新保守主義に絡め捕られるような，逆説的な危うさをかかえていたのである。

(2)　「グローバル人材」という磁場

　他方で，「資本」のヘゲモニーによるグローバル化の進展は，国民国家と結合した「学校」＝「教育」を解き放とうとし，その構造的な枠組みに動揺と変容をもたらしつづける。それは，個人を目的化した「生涯学習」が「学校」≠

「教育」の楔を打ち込み，世界的な市場原理主義が一国的な教育政策を左右する，不可逆的な展開である。世界中を巻き込んで金融危機が連鎖し，新自由主義経済の行き詰まりが明らかになっても，その流れはなお深化して，とどまることを知らないようだ。国際諸機関がグローバル・アクターとして各国に影響を与えているが，とりわけ 2000 年に初めて実施された，経済開発協力機構（OECD）による国際学力調査（PISA）のインパクトは大きい。

　OECD 加盟国である「先進国」においては，もはや一国主義的な大量生産・大量消費の時代は過ぎ去り，「ポストモダン」にふさわしい，多様性と差異性に応じた生産と消費のあり方へと移行した。そこでは「情報」として更新・活用される，フレキシブルな「知識」が価値をもち，従来的な「勤労エートス」ではなく，「創造のエートス」が重視される（橋本 2007：6 章）。多国籍化した企業からすれば，「発展途上国」の安価な労働力をライン化した生産過程に動員することができるから，本国の「先進国」で必要なのは，組織のマネジメントや商品・サービスの開発などに従事しうる，「創造のエートス」を備えた労働力となる。いまや，「知識基盤型経済」に対応した「学力」の刷新－その典型がいわゆる「PISA 型学力」－が不可欠であり，「国際競争社会の中で生き抜く力」をもった「グローバル人材」が求められるということである。

　PISA は，「国家」の主権を侵害するような強制的・強圧的なものではなく，各国が自発的・合意的に受容しており，そこから降りようにも降りられないようになっている。OECD が実施するのは，新たな「学力」のモデルを提示し，各国の「教育」の成果を表すデータを提供し，PISA の結果をランク付けして公表すること－それだけである。だが，それが国際的なアリーナを形成し，「PISA 型学力」が世界標準化していくにつれて，そこに〈緩やかな統治〉としてのグローバル・ガバナンスが機能し，各国の「教育」のあり方や改革アジェンダを方向づけることになる（福田 2008，二宮・佐々木・佐藤・大野 2010）。

　それは別言するなら，「環境管理型権力」（東浩紀）などと呼ばれる，アーキテクチャー－工学的・物理的な環境の設計によって，人々が自由にふるまうことを推奨／管理する統治技術－による支配といってよい。人々のモチベーショ

ンを高め，自発的なコミットメントを促し，潜在的な可能性を引き出す環境設計＝アーキテクチャーは，グローバル化した資本主義のありかたと親和的である（東・大澤 2003，鈴木 2009）。

　いまやイデオロギー支配的な，規律訓練の権力空間だった「学校」は，環境設計＝アーキテクチャーの権力様式を無視しては語りえない。「学力」のグローバル競争のみならず，都市計画などと一体化したオープンな建築様式やICT化，職業選択・将来設計を駆り立てるキャリア教育などが，そうである。そこでは，「国家」が撤退してしまったわけではなく，あくまで責任は現場に負わせながら，評価行政や予算配分などを通して，その手綱を握っているのである。

(3) 歴史的位相の過去化

　このようにみてくると，「学校／教育」の現在は，その歴史的位相を過去化しながら，大きくさま変わりしているように思えてくる。「資本」が国民国家の変容をもたらすなかで，その法制的な枠組みを問い直す「改革」が常態化し，「改革」そのものが自己目的化しているのが，近年の動向である。「学校／教育」の言説もまた，そのなかで自己増殖していくわけである。しかしながら，これまで概観してきたような歴史的な経緯と構造に照らしたとき，「改革」がその連呼と狂騒のなかで隠蔽し，等閑に付している問題圏があるだろう。

　「改革」が体制の延命手段であり，「革命」への予防線であるとすれば，いわば「教育改革論」の「改革」こそが求められるべきであり，「近現代学校が自明のものとしている教育上の諸慣行」に目を開かなければならない（佐藤 2004）。例えば，「障害児」に対する「別学教育強制体制」は，今世紀に「特殊教育」から「特別支援教育」へと転換・移行して解消されたようにみえる。つまり，「普通学校・学級」における「健常児」との「統合教育」が可能となったのだ。だが，その条件整備が不十分なままで，あいかわらず「就学」は，制度上の「学校」に限定されている（篠原 2011）。

　その一方で，「日本国籍」を有しない在日外国人に対しては，やはり「学校／教育」の制度がさまざまな制約や障壁をもたらし，「日本人」というマジョリティに準拠した包摂／排除の機制となっている。それまでの在日朝鮮人など

の処遇を背景としながら，増大した「ニューカマー」はその堅牢な体制から弾かれ，「不就学」の子どもたちを陸続と生み出しているのである（小内 2011）。〈人材育成〉と〈国民形成〉というシステムの根幹は，やはりしぶとく維持されているといわなければならない。

　言語の問題については，どうか。今日ではテレビなどによって「共通語」が普及し，「方言」とのバイリンガル状態が一般化している。いまや「方言」は，かつてのような，わかりやすい抑圧と差別の対象ではなくなり，これも「個性」と遇されるような，着脱可能な「アクセサリー化」が顕著になっている（田中 2011）。そのかたわらで，グローバル化の進展は「英語帝国主義」の脅威をもたらし，「国語／日本語」のナショナルな価値が改めて称揚されてもいる。現在の「学校／教育」は，いわば〈差異の戯れ〉として「方言」を尊重し，「英語」＝グローバル化にも対応しようとしているが，それは「共通語」＝「国語」＝「日本語」の安定化が前提条件なのだ。

　「グローバル／ナショナル」という二項対立のもとで，置き去りにされているのは，現実の多言語状況である。異言語を母語とする子どもたちの「言語権」は，公的には保障されていない（イ 2009：11 章）。「教育基本法」や「学校教育法」は「改正」されたが，マジョリティの「日本人」には自明視されている，そしてその「日本人」を拘束・呪縛している，「学校／教育」の根幹にかかわる仕組みや仕掛けについては，なんら見直されていないばかりか，ほとんど省みられていないというべきであろう。

4　人々の受け入れ方—「学校／教育」の再審へ

　さて，このように「学校／教育」の現代的特徴を見据えたとき，先掲の上野の「ポストモダンの生き方」の語りは，どのような位置どりにあり，いかなる意味をもつのであろうか。前述したとおり，彼女は「ポストモダン」を「未来という進歩の神話が破産した時代」として積極的・好意的に受け止め，「学校／教育」というシステムの社会的機能を開示しながら，「近代」がもたらした，その「神話」を解体しようとした。「現在」を犠牲にした「学校的価値」に一

元化されない，「多様なライフスタイルの共存」こそめざされるべきであり，「大事なことは，いま，自分になにがキモチいいかという感覚を鈍らせないことです。それこそが『生きる力』なのですから」と結んでいる（上野 2002：7章）。

こうした主張に対して，そこに潜む落とし穴を見いだしたり，疑問符を付したりすることは，さほど困難なことではないだろう。それは刹那主義や快楽主義に陥ってしまう，その危うさだけではない。多様性や差異性の称揚は，その意図に反してグローバル「資本」にかすめ取られるおそれがあるし，いまや「学校／教育」自体に「自由」や「選択」が織り込まれているともいえるからである。だが上野にいわせれば，おそらく「学校的価値」はまだまだ支配的であって，「教師を選べるという『消費者の権利』が確立されないかぎり，学校というシステムは変わりません」と断じるごとくである。とすると，新自由主義による「学校／教育」の改革は，まだまだ不十分で，不徹底という見方もできるかもしれない。

上野の著作は，「学校／教育」の制度的なカラクリを説得的に暴き出し，ほかにとるべき方途を具体的にさし示しているところに意義がある。それは「学校的価値」から退却・決別するという，彼女の〈拒否の思想〉にも通じる，最もシンプルで，最もラディカルな提案にほかならない。それは蔓延するシニシズムと背中合わせだし，〈ガス抜き〉に作用することも考えられるが，「国民」にも「人材」にも回収されないで，自分自身を尺度にして学び・生きるということなのだ。

だからといって，上野は，もう「学校」＝「教育」は不要だというような，単純素朴な極論を展開しているわけではない。標的は「学校的価値」に覆われた「学校化社会」であって，「学校」＝「教育」は「授業専一にダウンサイズ」することを求めているのである。「小さな政府」ならぬ「小さな学校」を指向し，「学校は分相応に知育だけをやればよい」ということだ（上野 2002：4章）。新自由主義改革における公教育の「スリム化」とは，その指向性は重なるものの，行き着く先は決して同じではない。

第5節　二つの理念的・原理的な課題

1　「世界の共同責任」

　最後に，これまで論じてきたことを寄り合わせて考えるならば，さしあたり，二つの理念的・原理的な課題が浮き彫りになるであろう。その一つは，ハンナ・アーレントのいう，「世界への共同責任」を引き受けるための制度として「学校」を再挿入し，もはや飽和状態に達した「教育」を脱構築していくことである。

　いまや「学校」は，知の絶対的空間ではなくなり，大人と子どものボーダーレス化が進んでいることは，前述したとおりである。だが，というか，だからこそ，〈いま・ここ〉の世界がどのようなものであるのか，新参者たる子どもたちに教える使命と責任は，決して見失われてはならないのではないか。それはグロ・バル世界のなかで生きのびるためではなく，「グローバル世界」という世界を知り，その世界を救うためにほかならない。そこには，世界と自分との異和に接続しうる，〈想像力〉そのもののレッスンが求められよう。このことは吉野源三郎の，世界と自分を往還する「ものの見方」に通じるものであり，「学校」と「教育」をめぐる本質論的な地平といってよい。

　アーレントによれば，「旧い世界は，その活動がいかに革命的であろうと，来たるべき世代の立場からすればつねに老朽化し，破滅に瀕している」のであり，「まさに，どの子供にもある新しく革命的なもののために，教育は保守的でなければならない」とされる。「教育」はそれゆえ，「学習とは異なり，予見できる終わりをもたねばならない」のである（H. アーレント　1968＝1994：5章）。福沢諭吉が「教育」の廃棄を訴えたのは，それが子どもの「天資」を損なうほど，「千差万別，無限の事物」を教え込もうとしていたからであり，ここにいう「予見できる終わり」をもたなかったからである。

　このことは，上野が強調した，「現在」の手段化を拒絶し，「学校」を「知育」に限定するということと，矛盾撞着するものではない。なぜなら，過去に

も未来にも存在しない〈いま・ここ〉を大事にするということは，その世界に沈潜して丸ごと実感するということであり，そのたたずんでいる現実世界をありのままに知らなければ，それは〈いつか・どこか〉の未来世界に横領・収奪されてしまうからである（古東 2011）。そして「学校」が「知育」の場であり，ありのままの現実世界にコミットするということは，例えば，次のような言葉にリアリティをもってつながることを意味しよう。

　「私は，55歳で，はじめてえんぴつのもちかたからならいました。橿原に自主夜中（自主夜間中学－引用者）があるおかげで，私は，文字をまなぶことができました……文字を書けるようになって私はなにごとにもちょうせんするようになりました。文字の力はすごいです。希望と勇気をわきたたしてくれるのです」（夜間中学増設運動全国交流集会 1997）―「学齢期」に「就学」することができなかった，この在日朝鮮人の「希望と勇気」は，「世界全体への責任」を負う「学校」と，「知育」の場としての「学校」を，重層的に考えるための導きの糸となるはずだ。「学校／教育」システムが疎外してきたのは，自主夜間中学という非正規・規格外の「学校」だけでなく，こうした人たちとともにある「世界全体」であり，こうした人たちの教える「知育」が開く世界である。

2　「学びほぐす」

　このことと関係するが，もう一つの重要な課題は，「学びほぐす」（アンラーン）という視界を開きながら，「学校／教育」システムをその奥行きと深みから捉えかえすということである。「たくさんのことをまなび（learn），たくさんのことをまなびほぐす（unlearn）」―それはちょうど，「型どおりのスウェーターをまず編み，次に，もう一度もとの毛糸にもどしてから，自分の体型の必要にあわせて編みなおす」ということである（鶴見 2010：3章）。「アン」という〈拒否の思想〉をともなう点で，ただ単に「学び直す」のとは似て非なるものだし，ましてや「生涯学習」として拡張された「教育」とは一線を画するものである。

　学校教育という形式が「予見できる終わり」を迎えるとすれば，そこで教わり／学んだことを後生大事に墨守・履行する義務もなければ保証もない。世界

を更新すべく学びほぐせばいいのであって，その自己変革的な営みは，「学校／教育」を別様の仕方でリセットする契機となりうる。それはもちろん，「学校」や「教育」に束ねてしまうことではなく，その逆であり，これまでの概念世界を穿つことにほかならない。今日的に求められるのは，その仕組みや仕掛けを学習者自らが知り，疑い，思考する機会をもつことではないだろうか。

　現代社会は，それを完全に秘匿しておくことなどできないし，その知を教師や教育学者の専有物と捉えるべきでもない。それこそ，歴史的なまなざしとともに知的側面から相対化し，その当事者として等身大で語ることができなければ，導き入れた世界を乗り越えることは難しいのである。まさに上野の著作や，それに先んじて出された，教育社会学者・苅谷剛彦の『学校って何だろう』(1998年)などは，その具体的な実践とみることができよう⁽⁵⁾。

　それは，つまるところ，人が生まれながらに「国民」であるわけではなく，主体的・遂行的に「国民」になるという，そのプロセスやパフォーマンスを内省的に見つめ直すということであり，別様の，ありえたかもしれない〈他者〉としての自己を見いだし，非「国民」や「国民」になり損ねた者と，再び出会い直すということにほかならない。断っておくが，それはマイノリティとして排除される，それらの人々を，マジョリティのための「学校／教育」のシステムがかかえ込めばよいということではない。例えば，自主夜間中学は，今日的なニーズは多様化しており，公的支援が必要なことはいうまでもないが，そのシステムに組み入れて制度化すれば，問題は解決するということではないのだ。

　そうではなく，まぎれもなく政治的・社会的・文化的に構築される，マジョリティとマイノリティの関係自体を覆すような，そして自己と他者の交わりが「世界全体」を賭けるような，〈いま・ここ〉に埋め込まれているシステムとは別様の―としか語りえない―あり方なのである。「国民」として気づかぬうちに行っている，異質な他者への抑圧・排除からも，「国民」になりつづけなければ，「国民」たりえない自己への拘束・呪縛からも，そのどちらからも解き放たれた先には，どんな世界が導かれ・開かれるのであろうか―その新しい世界を語りきることは，宿命的・存在論的にできないが，その，世界を新たにす

る使命と責任への準備は，倫理的・当為論的に要請される。それは，問題を未来に先送りする態度ではなく，〈未来の/という他者〉と対話するという，アクチュアルな実践そのものである。　　　　　　　　　　　　　　【平田 諭治】

注

(1) この国民国家のダイナミクスを基軸とする時期区分は，次のようなポスト冷戦期に入って提起されたものを参考にしている。すなわち，教育学では佐藤学が，「世界システムの変化に対応」した「国民国家と教育」の動向として，「19 世紀後半の国民国家と国民教育の成立の時期と，1930 年代におけるその再編の時期と，冷戦構造崩壊後の再編の時期の三つの時期がある」としている（佐藤・栗原 1996）。これは資本主義体制の世界的な変動を見据えながら，従来の「国家と国民の閉じた関係」で教育史をとらえることを乗り越えようとするもので，大内裕和も同様な認識を示している（大内 2002b）。ナショナル・ヒストリーとしての「日本史」を内破しようとする成田龍一は，「世界史」的な文脈をもつ「国民国家の節目」として 1880 年代，1930 年代前半，そして 1960 年代後半から 70 年代前半を挙げ，それぞれ国民国家の「成立期」「転態期」「変容期」としている（成田 1998）。こうした時期区分に関しては，歴史的な経験を一つの構図に当てはめてしまう，還元主義的な把握・認識に陥る危うさもあるが，大局的な問題の立て方としては，筆者もこうした見方をひとまず支持したい。ただし各期の始期と終期や性格づけなど，完全に一致しているわけではない。時期の区切り目が画然としたものでないことも，ここで断っておきたい。もちろん，こうした事後的に再構成される―あるいは，事後的にしか再構成しえない―歴史叙述の臨界に対峙しながら，ありえたかもしれない別様の歴史につながる，さまざまな未発の可能性を今後も多様に掘り起こしていかねばならない。本章では，歴史的展開の構造的な理解と説明を重視し，多くの史料の引用を参考文献に依拠しているが，その意味では，これからもオリジナルな史料の発掘・分析と精緻な実証的研究が積み重ねられる必要があることは，いうまでもない。第 3 章注（1）も参照のこと。

(2) 陳培豊が植民地台湾について，照屋信治が沖縄について明らかにしているように，「同化」の対象とされた被支配者が「国語」を積極的に習得し，「国民／臣民」たることを求めたとしても，そこに支配者の意図を超えた「文明」＝別様の近代化の可能性を見いだし，それが支配に抵抗する主体のあり方をもたらしたこともまた否定できない。すなわち「同化」をめぐって生じた，支配者と被支配者の間の「同床異夢」についても考慮する必要がある（陳 2001, 照屋 2009）。

(3) 「錬成」を理念的契機とする「学校」および「教育」の概念的展開について，これまでの説明の仕方は必ずしも整合的でなく，混乱や誤解を招きかねないようにさえ思われる。たとえば寺﨑昌男は，「国民学校制度の準備，発足にいたる過程で唱導された『錬成』と

いう埋念は,『知』の配分と人間形成とが分離しているという近代学校批判の文脈に乗りつつ, 教育という言葉に代わる勢いで教育界に広がった」(寺﨑 1993：序説, 傍点引用者）とし, 木村元は,「皇国民の『錬成』を目的とした国民学校」が『『行的錬成』に象徴される『非教育』が貫かれた学校として評価は定まっている」とする（木村 2009, 傍点引用者）。それに対して清水康幸は,「総力戦体制下の公教育再編は, 公教育の中核たる学校教育の〈非学校化〉と諸社会組織の〈汎教育化〉の論理とを表裏一体として成り立つもの」で, 国民学校における「皇国民ノ錬成」は,「〈非学校化〉および〈汎教育化〉の論理の統合理念としての性格を有し, この時期の公教育理念を集約的に表現するもの」と評している（清水 1986, 傍点引用者）。これだけみると, はたして「錬成」の登場によって「学校」や「教育」は普及したのか, 反対に退行したのかわからなくもなるが, 歴史的な文脈にそくすならば, その展開はおそらく反語的・逆説的である。各論者の主張に著しい隔たりがあるわけではないし, それぞれの行論はクリアで矛盾はない。要は分析・説明するための方法的な概念となっている「学校」「教育」を, 分析・説明されるべき歴史的な概念として遇しながらどう語るのかという問題であり, 第3章で述べた教育史叙述のアポリアに還元される困難さがまとわりついているといってよい。

（4） オウム真理教事件（地下鉄サリン事件）や阪神・淡路大震災などが起きた1995年は, 政治的・経済的・社会的に重要な節目の年にあたり, バブル経済の崩壊やナショナルな自意識の喪失が決定的となって, かかる認識が日本社会を覆ったとされる（北田・小森・成田 2008）。この1995年を転換点とする時代診断として, 例えば東浩紀の「動物の時代」（東 2001), 大澤真幸の「不可能性の時代」（大澤 2008）がある。これらはともに,「戦後日本」のイデオロギー状況に関する見田宗介の時期区分, すなわち「理想の時代（1945−60年）」「夢の時代（60-75年）」「虚構の時代（75-90年）」を継承したものである。「ポストモダン」が全面的に開花したとされる現代社会は, 東によれば,「他者」を必要とする人間的な「欲望」でなく,「他者」なしに満たされる動物的な「欲求」が支配しており, 大澤によれば,「現実への逃避」と「現実のさらなる虚構化」という, 相矛盾するような二つの衝動が共存し,「不可能性」が「現実」を秩序づけているのだという。その前提をなすのは, 端的にいって「消費」という行動様式であり, アメリカに表象される「資本」にほかならないが, そのありようがさらに変化し, 新たなステージに入ったのである。これらは非常に説得的な議論が展開されており, こうした時代診断をきれいになぞっていると思われる事件や事象が, 1990年代中盤以降には少なくない。とはいえ筆者は, そこまで細分化して同時代を識別する蛮勇はもち合わせておらず, そこに同時代的な画期を求めることについては留保しておきたい。

（5） 苅谷のこの著作は,「中学生」を読者に想定して書かれているが, その冒頭の一節を参考までに紹介しておきたい。なお同書は, 2005年に筑摩書房から文庫化されている。「学校についての疑問を感じたことはありませんか。たとえば,『どうして, こんなことまで勉強するのだろうか』とか,『学校の規則はなぜこんな細かいことまで禁止するのだろう』

とか,『毎日毎日決まったように学校に行くのは,なぜなんだろう』とか……この本を読めば,こういう学校での悩みや不満や『ひっかかり』がすべて解決する……と,ずばりいいたいところですが,実は,この本のどこを探しても,悩みや不満を解決する万能薬のような『正解』は書いてありません。学校でのいろいろな問題を解決できるアドバイスも書いてありません……『正解』探しのかわりに,どんなふうに学校について考えていけばいいのか,どのように問題を立てればいいのか,そういう疑問や発想のしかたを大切にすること,そこから自分なりに学校について考えを深めていくことで,あなたなりの答えにたどり着けるはずです」(苅谷 1998,一部中略)。そのほか,教育史学者・佐藤秀夫の『学校ことはじめ事典』(1987 年) は,「教育界でごくあたり前の事象と考えられているような,ありきたりの事柄や慣行の『成り立ち』を追求することによって,かくれた問題性を発掘してみよう」と意図したものだが,本書などもここで論じた視点から再評価されてよい(佐藤 1987)。

引用・参照文献

東浩紀 (2001)『動物化するポストモダン―オタクから見た日本社会―』講談社

東浩紀・大澤真幸編 (2003)『自由を考える―9.11 以降の現代思想―』日本放送出版協会

天野郁夫 (1983)『試験の社会史―近代日本の試験・教育・社会―』東京大学出版会

――(2005)『学歴の社会史―教育と日本の近代―』平凡社

有山輝雄 (2001)「戦時体制と国民化」『戦時下の宣伝と文化』年報・日本現代史第 7 号,現代史料出版

H. アーレント著,引田隆也・齋藤純一訳 (1994)『過去と未来の間―政治思想への 8 試論―』みすず書房(Arendt, H. (1968) *Between Past and Future: Eight Exercises in Political Thought*, Enlarged Edition, New York, Viking Press.)。

石田雄 (2000)『記憶と忘却の政治学―同化政策・戦争責任・集合的記憶―』明石書店

イ・ヨンスク (2009)『「ことば」という幻影―近代日本の言語イデオロギー―』明石書店

上野千鶴子 (2002)『サヨナラ,学校化社会』太郎次郎社

宇野重規 (2010)『〈私〉時代のデモクラシー』岩波書店

大内裕和 (1995)「隠蔽された記憶―国民学校の〈近代〉―」『現代思想』第 23 巻第 1 号,青土社

――(2002a)「教育を取り戻すために」『現代思想』第 30 巻第 5 号,青土社

――(2002b)「「国民」教育の時代」『岩波講座 近代日本の文化史』第 8 巻(感情・記憶・戦争)岩波書店

大澤真幸 (2008)『不可能性の時代』岩波書店

小熊英二 (1998)『〈日本人〉の境界―沖縄・アイヌ・台湾・朝鮮 植民地支配から復帰運動まで―』新曜社

小内透 (2011)「在日外国人の子どもの教育機会―日系ブラジル人を中心に―」宮寺晃夫編『再検討 教育機会の平等』岩波書店

海後宗臣ほか（1965）「森有礼の思想と教育政策」『東京大学教育学部紀要』第8巻
加藤潤（2010）「「教育は市場である」」今津孝次郎・樋田大二郎編『続・教育言説をどう読むか―教育を語ることばから教育を問いなおす―』新曜社
萱野稔人（2011）『新・現代思想講義 ナショナリズムは悪なのか』NHK出版
苅谷剛彦（1995）『大衆教育社会のゆくえ―学歴主義と平等神話の戦後史―』中央公論新社
――（1998）『学校って何だろう』講談社
姜尚中（2001）『ナショナリズム』思考のフロンティア，岩波書店
――（2009）「ナショナリズムをくぐり抜けて―あるナショナリストの現象学―」大澤真幸・姜尚中編『ナショナリズム論・入門』有斐閣
喜田貞吉（1982）「六十年の回顧」『喜田貞吉著作集』第14巻，平凡社
北田暁大・小森陽一・成田龍一（2008）「ガイドマップ80・90年代」（鼎談）『戦後日本スタディーズ』第3巻（80・90年代）紀伊國屋書店
木村元（2009）「人間形成の評定尺度と教育論争史研究―国民学校論争の検討に向けて―」一橋大学〈教育と社会〉研究会編『〈教育と社会〉研究』第19号
――（2010）「日本社会における学校の受容と接続問題―起点としての1930年代の教育と社会―」日本教育学会編『教育学研究』第77巻第2号
教科教育百年史編集委員会編（1985）『原典対訳米国教育使節団報告書』建帛社
古関彰一（2010）「帝国臣民から外国人へ―与えられ，奪われてきた朝鮮人・台湾人の参政権―」『世界』第809号，岩波書店
小玉重夫（2003）『シティズンシップの教育思想』白澤社
古東哲明（2011）『瞬間を生きる哲学―〈今ここ〉に佇む技法―』筑摩書房
駒込武（1996）『植民地帝国日本の文化統合』岩波書店
――（2002）「植民地支配と教育」辻本雅史・沖田行司編『教育社会史』新体系日本史，山川出版社
児美川孝一郎（2002）「抗いがたき"磁場"としての新自由主義教育改革」『現代思想』第30巻第5号，青土社
小森陽一（2001）『ポストコロニアル』思考のフロンティア，岩波書店
斉藤利彦（1995）『試験と競争の学校史』平凡社
酒井直樹（2005）「共犯性としてのスーパー国家性」西谷修ほか『非対称化する世界―『〈帝国〉の射程』以文社
佐藤俊樹（2000）『不平等社会日本―さよなら総中流―』中央公論新社
佐藤秀夫（1987）『学校ことはじめ事典』小学館
――編著（2000）『新訂 教育の歴史』放送大学教育振興会
――（2004）『教育の文化史』第1巻（学校の構造）阿吽社
佐藤学（1995）「「個性化」幻想の成立―国民国家の教育言説―」『教育学年報』第4号（個性という幻想）世織書房

佐藤学・栗原彬（1996）「教育の脱構築－国民国家と教育－」（対談）『現代思想』第24巻第7号，青土社
篠原睦治（1986）『「障害児の教育権」思想批判－関係の創造か，発達の保障か－』現代書館
――（2011）「「共生・共育」のなかで「教育機会の平等」を考える」宮寺晃夫編『再検討 教育機会の平等』岩波書店
清水康幸（1986）「公教育理念の史的構造－日本のばあい－」（第29回大会シンポジウム提案）教育史学会編『日本の教育史学』第29集
鈴木謙介（2009）「設計される意欲－自発性を引き出すアーキテクチャ－」『思想地図』vol.3（特集・アーキテクチャ）日本放送出版協会
高原基彰（2006）『不安型ナショナリズムの時代－日韓中のネット世代が憎みあう本当の理由－』洋泉社
竹内洋（1991）『立志・苦学・出世－受験生の社会史－』講談社
田中萬年（2002）『生きること・働くこと・学ぶこと－「教育」の再検討－』技術と人間
――（2006）『教育と学校をめぐる三大誤解』学文社
田中ゆかり（2011）『「方言コスプレ」の時代－ニセ関西弁から龍馬語まで－』岩波書店
谷川穣（2008）『明治前期の教育・教化・仏教』思文閣出版
鄭暎惠（1998）「「戦後」つくられた植民地支配－「在日韓国朝鮮人」からの日本国籍剥奪－」『ナショナリズムを読む』情況出版
陳培豊（2001）『「同化」の同床異夢－日本統治下台湾の国語教育史再考－』三元社
鶴見俊輔（1999）『教育再定義への試み』岩波書店
J. デューイ著，松野安男訳（1975）『民主主義と教育』上・下巻，岩波書店（Dewey, J.（1916）*Democracy and Education: An Introduction to the Philosophy of Education*, New York, Macmillan.）
寺﨑昌男・戦時下教育研究会編（1987）『総力戦体制と教育－皇国民「錬成」の理念と実践－』東京大学出版会
寺﨑昌男・編集委員会編（1993）『近代日本における知の配分と国民統合』第一法規
照屋信治（2009）「沖縄教育における「文明化」と「大和化」－太田朝敷の「新沖縄」構想を手がかりとして－」日本教育学会編『教育学研究』第76巻第1号
R. P. ドーア著，松居弘道訳（1978）『学歴社会 新しい文明病』岩波書店（Dore, R. P.（1976）*The Diploma Disease: Education, Qualification and Development*, London, George Allen & Unwin.）
東井義雄（1957）『村を育てる学力』明治図書
成田龍一（1998）『「故郷」という物語－都市空間の歴史学－』吉川弘文館
西川長夫（1998）『国民国家論の射程』柏書房
新田貴代（1971）『澤柳政太郎 その生涯と業績』成城学園澤柳研究会
二宮皓・佐々木司・佐藤仁・大野亜由未（2010）「教育のグローバル・ガバナンスに関する理

論的枠組みの検討」中国四国教育学会編『教育学研究紀要』第 56 巻
仁平典宏（2009）「〈シティズンシップ／教育〉の欲望を組みかえる―拡散する〈教育〉と空洞化する社会権―」広田照幸編『自由への問い』第 5 巻（教育）岩波書店
日本教育法学会教育基本法研究特別委員会編（2006）『憲法改正の途をひらく教育の国家統制法―教育基本法改正政府案と民主党案の逐条批判―』母と子社
日本経済新聞社編（1980）「松永安左エ門」『私の履歴書』経済人 7
A. ネグリ・M. ハート著，水嶋一憲・酒井隆史・浜邦彦・吉田俊実訳（2003）『〈帝国〉―グローバル化の世界秩序とマルチチュードの可能性―』以文社（Hardt, M. and Negri, A.（2000）*Empire*, Cambridge, Mass., Harvard University Press.）。
橋本努（2007）『自由に生きるとはどういうことか―戦後日本社会論―』筑摩書房
平田諭治（1997）『教育勅語国際関係史の研究―官定翻訳教育勅語を中心として―』風間書房
――（2002）「新しい教育内容」遠藤克弥監修『新教育事典』勉誠出版
平原春好（1971）「教育法研究ノート(1)―小学校令と国民学校令との間―」『東京大学教育学部紀要』第 11 巻
広田照幸（2001）『教育言説の歴史社会学』名古屋大学出版会
福沢諭吉（1898）『福沢全集』巻 1，時事新報社
――（1978）『学問のすゝめ』岩波書店
福田誠治（2008）「グローバリズムと学力の国際戦略」日本教育学会編『教育学研究』第 75 巻第 2 号
T. フジタニ著，沢田博訳（2003）「象徴天皇制の未来について」『日本はどこへ行くのか』日本の歴史第 25 巻，講談社
N. ポストマン著，小柴一訳（1985）『子どもはもういない―教育と文化への警告―』新樹社（Postman, N.（1982）*The Disappearance of Childhood*, New York, Delacorte Press.）
牧原憲夫（1998）『客分と国民のあいだ―近代民衆の政治意識―』吉川弘文館
ましこひでのり（1997）『イデオロギーとしての「日本」―「国語」「日本史」の知識社会学―』三元社
丸山真男（1982）「『君たちはどう生きるか』をめぐる回想―吉野さんの霊にささげる―」吉野源三郎『君たちはどう生きるか』岩波書店
夜間中学増設運動全国交流集会編（1997）『新編 文字はいのちや，学校はたからや』開窓社
安丸良夫（1992）『近代天皇像の形成』岩波書店
山住正己編（1991）『福沢諭吉教育論集』岩波書店
山中恒（1986）『子どもたちの太平洋戦争―国民学校の時代―』岩波書店
山之内靖・V. コシュマン・成田龍一編（1995）『総力戦と現代化』柏書房
尹健次（1997）『日本国民論―近代日本のアイデンティティー―』筑摩書房
吉田昌弘（2011）「文部省管轄の「学校」から「教育」への転換―教育制度形成の条件として―」日本教育学会編『教育学研究』第 78 巻第 2 号

吉野源三郎（1982）『君たちはどう生きるか』岩波書店

世取山洋介（2006）「教育基本法の危機－政府提出「改正」法案による立憲主義とリベラリズムへの挑戦の分析－」歴史学研究会編『歴史学研究』第819号

林琪禎（2010）「「国民学校令」の植民地適用－「国民学校令施行規則」・「台湾公立国民学校規則」・朝鮮「国民学校規程」を見る－」一橋大学大学院言語社会研究科編『言語社会』第4号

K. J. ルオフ著，高橋紘監修，木村剛久・福島睦男訳（2003）『国民の天皇－戦後日本の民主主義と天皇制－』共同通信社（Ruoff, K. J.（2001）*The People's Emperor: Democracy and the Japanese Monarchy, 1945–1995*, Cambridge, Massachusetts, Harvard University Asia Center.）

渡辺治（2007）「日本の新自由主義－ハーヴェイ『新自由主義』に寄せて－」D. ハーヴェイ著，渡辺監訳『新自由主義－その歴史的展開と現在－』作品社

第5章　教育的知識の変遷と〈国民社会〉の位置

　本章では，学校教育によって果たされる国民形成の様相を，第二次世界大戦以降の社会状況に照らして整理してみたい．とくに，国民のあり方に関連して議論されてきた教育的知識と，それを支えた制度の変遷をたどることとする[1]．

　社会が変動するのにともなって，国民として身につけるべき教育的知識は移り変わり，また国民形成そのものの重要性も変化する．本章の課題は，そのように学校と社会が互いに影響を与えながら変化するなかで，国民という概念がいかなる意味を帯びるようになったのかをみていくことである．

第1節　〈国民社会〉の位相の再建

1　敗戦後の教育改革

　学校教育は，その社会的な機能として国民形成を促すものであるが，第二次世界大戦終結直後の日本にはそれが十分に作用しえない条件があった．国民形成のための舞台はその後につくり出される必要があったといえる．本節では，そこから検討を開始する．

　1945（昭和20）年8月，第二次世界大戦の敗戦によって日本の国政全般は連合国軍最高司令官総司令部（GHQ）の占領下におかれることとなった．後世からみれば終わりのある「占領期」の始まりであるが，同時代的にはそれ以前とは隔絶した社会情勢の始まりである．この時期，文部省はGHQに対する責任を負いつつ，教育の立て直しを推し進めることとなった．文部省の『学制百年史』においても，9月15日に文部省が発表した「新日本建設の教育方針」と，10月以降にGHQから出された四つの指令の双方が，戦後の教育改革と新教育

制度の発展の発端として位置づけられている（文部省 1972：679-686）。

11条からなる「新日本建設の教育方針」は、『学制百年史』によれば、「占領教育政策の具体的な方針や指令が示される以前の、したがって総司令部がなんら関与しなかった日本側の教育方針として注目すべきもの」とされる。「従来の戦争遂行の要請に基く教育施策を一掃して文化国家、道義国家建設の根基に培う文教諸施策の実行に努め」るために、第1条では「今後の教育は益々国体の護持に努むると共に軍国的思想および施策を払拭し平和国家の建設を目途と」することが掲げられた。以下、教育の体勢、教科書、教職員、学徒、科学教育、社会教育、青少年団体、宗教、体育、文部省機構の改革について大要が示された。教育的知識を伝達するメディアとしての教科書は、「新教育方針に即応して根本的改訂を断行しなければならないが差当り訂正削除すべき部分を指示して教授上遺憾なきを期する」ものとされ、いわゆる墨塗り教科書が生まれることになった。

GHQからの4指令においては、軍国主義・国家主義の排除はより厳しく指示されることとなった。10月に発せられた第1指令「日本教育制度に対する管理政策」では墨塗り教科書が追認され、「訂正削除」は軍国主義・国家主義の排除と、自由主義・民主主義の涵養のために為されることが決定された。12月の第4指令「修身、日本歴史および地理停止に関する件」では修身・日本史・地理の停止が指示され、第1条にはその動機が、「日本政府が軍国主義的および極端な国家主義的観念を或る種の教科書に執拗に織込んで生徒に課し、かかる観念を生徒の頭脳に植込まんが為めに教育を利用せるに鑑み」と端的に表明されている。GHQは、学校教育による国民形成の機能を統制するために、教育的知識のメディアたる教科書の操作をその占領政策のなかで重視していたといえる。

これに対し文部省は、全国に通達を発して命令を具体化する一方で、独自に編集しGHQの認可を経た「文部省著作教科書」のみを使用するという条件で、1946（昭和21）年以降、地理と日本史の授業再開をGHQに認めさせる。また、第1指令で掲げられた「教育ある平和的かつ責任を重ずる公民の養成をめざす

新教科目」として公民科が新設されることとなり、このための教科書編纂も文部省に課せられた。その後、1946年3月の第1次アメリカ教育使節団報告において教科書の自由発行・自由採択を示唆する勧告があり、1947（昭和22）年制定の学校教育法で教科書検定制度の原則が条文化された。

「占領期」においては、かくして、国民形成という学校教育の作用自体について十分に自律的とはいえない状態が用意された。文部省はGHQの管理下で教育における国家主義の監視と見直しを進んで行い、民主主義と自由主義の理念は文部省著作教科書と新検定教科書を通して積極的に伝達された。戦後の教科書検定制度はそうした統治行為に寄与する制度として成立したものであった。

2 教育内容と制度に対する独立の影響

1950年代に入ると、状況は変化しはじめた。1950（昭和25）年に朝鮮戦争が始まり、翌年9月にサンフランシスコ講和条約・日米安全保障条約が締結され、1952（昭和27）年4月のその発効を受けてGHQが解消されると、学校教育においては国民国家の自立性を強調する教育的知識が整備されはじめる。とくに歴史教育においては、自国を中心とした歴史叙述の回復が模索されるようになった。その最初の動きは、例えば小学6年生用教科書の近現代史に関する記述に対して付された、1953～54年ころの以下のような教科書検定事例に見いだすことができる。1931（昭和6）年からの満州事変の発端（柳条湖事件）に関する、教育的知識の整備である。

```
［原文］
　わが軍は南満洲鉄道を爆破したが、これを中国軍がやったと宣伝し、1931年、満洲にいた日本軍は中国軍を攻めて、満洲をたちまち占領し、満洲国をつくって独立の宣言をさせました。
［検定意見］
　冒頭の「わが軍は……宣伝し」を削除。
［見本本］
　〔指示どおり修正〕（出版労協　1964：15）
```

「占領期」の教科書においては、柳条湖事件勃発の主体は日本側とされていた。

しかしここで文部省は，この出来事における関東軍側からの関与についての記述を，あいまいなものへと変化させはじめたことになる。

1955（昭和30）年には，日本民主党から「うれうべき教科書の問題」が提示された。9月から11月にかけて毎月発行された「教科書問題報告」において，敗戦以降に整備されてきた教育内容が偏向教育として批判されるとともに，教科書作成への教職員組合の関わりや，戦後の検定制度のもとでの教科書の編集・採択・供給の費用の高さに疑問が示された（日本民主党 1955）。そうした批判から導き出される論調は，自国中心の歴史観の復活と，文部省による教育的知識の統制，ならびに教科書の採択・供給制度の広域化と合理化であったといえる（徳武 1995：87-90）。この時期の教科書をめぐる議論が，しばしば第一次歴史教科書論争と称されるものである。同年11月にはいわゆる55年体制が成立し，GHQ統治下とは明らかに異なる政治状況が生まれた。そのような状況のもとで，教育的知識を共有する「国民」の再構築がめざされ，またそうした知識を流通させる教育制度の再建がなされることとなった。

例えば1957（昭和32）年4月には，歴史学者・家永三郎が執筆した教科書『日本史』（1956年11月検定申請）への最初の不合格処分が下された。出版社である三省堂に文部省初等中等教育局長から届けられた通知には，以下のような不合格理由が掲げられていた。

　この原稿は，構成・記述・表現等において特色があるが，高等学校社会科日本史の教科書としては，下記のような欠陥が認められる。
　第1に，事実の取捨選択に妥当を欠いているところが少なくない。［略］
　第2に，記述が往々にして評論に流れ語調に教科書として適当でないところが認められる。
　第3に，過去の史実により反省を求めようとする熱意のあまり，学習活動を通じて祖先の努力を認識し，日本人としての自覚を高め，民族に対する豊かな愛情を育てるという日本史の教育目標から遠ざかっている感が深い。
　以上のような事由を勘案し，総合的にみて，この原稿は高等学校社会科日

本史の教科書としては適当とは認め難い。(家永［1956］1974：序文)

事実の取捨選択に「妥当性」が必要であることがここでは前提とされており，「祖先の努力を認識し，日本人としての自覚を高め，民族に対する豊かな愛情を育てる」ことを「日本史の教育目標」と位置づけ直している。「過去の史実により反省を求めようとする熱意」がそれと対極に位置づけられていることにも注目することができるだろう。

〈国民社会〉の復権に沿った教育的知識が整備されていく様子は，学習指導要領の変遷に跡づけることもできる。1947（昭和22）年に最初に発表された学習指導要領は「試案」とされ，各学校での裁量権を前提とした手引きという体裁であった。その「試案」をとり，学習指導要領が法的拘束力を帯びるとするようになったのが，1955（昭和30）年以降の諸改訂によってである。1958（昭和33）年の全面改訂では，「現行の教育課程は，昭和26年，占領下の特殊事情のもとに作成されたものである」という認識が表明されたうえで，小・中学校に道徳教育，高等学校に倫理教育を復活させることとなった。さらにこの改訂が告示されたのと合わせて，同年12月には教科用図書検定基準も改定される。それによれば，従来「当該教科の指導目標と一致しているか」とされていた基準が「学習指導要領に定める当該教科の目標と一致しているか」と改められている。学習指導要領に忠実な教科書記述が，さらに強く求められるようになったのである（長尾 1994：119-124；徳武 1995：112-114）。

教科書制度の最も重要な変化が，1963（昭和38）年から実施された義務教育期間の教科書無償制度の法制化である。その際，公立小・中学校の教科書採択制度にも大幅な改変が行われた。それまでの学校採択制度が，このときに，教育委員会の所管区域またはそれらを合わせた採択地区ごとに一種類の教科書を採択する，広域採択制度に切り換えられた（海後ほか 1999：235-237；高嶋 1994：56）。ここにおいて，教科書メディアはその採択と供給において国家官僚制のもとに組み入れられ，〈国民社会〉の位相についての情報を円滑に伝達するための条件を備えたことになる。

3　国民の一体化

　ここで，主権や領土とともに国家システムの主要素とされる「国民」についてみてみると，教科書が伝える像は1955（昭和30）年以降に変化をみせている。以下で取り上げるのは，日本の高校歴史教育での採択率が最も高い山川出版社の『世界史』における，「15年戦争初期までの軍部と国民の動き」に関する記述である。この事例からは，敗戦直後の歴史叙述における軍部と国民の距離を理解することができ，またそれが取り下げられた時期を理解することができる。

［1951年版］
　日本では1926年以来金融恐慌がおこり，つづいて3年後には世界経済恐慌の影響をうけて経済界は混乱し，労働運動が発展した。この社会不安に対し，財閥の支配下にあった政党は，民衆の生活をほとんど考慮することなく，財閥の利益のみをはかったので，国民の信用を失い，これに乗じて軍部の勢力がにわかにたい頭した。
　軍部は従来より対外積極策を主張していた。シベリア出兵もその現われであったが，満洲に対してはとくに野心があり，関東軍を通じて満洲の封建軍閥たる張作霖を援助し，1910年代には比較的順調な満洲進出が行われていた。ところが1920年張は北京政界にのり出し，国民党と提携したため，国民党の主張たる反帝国主義・国権回復の思想が満洲にもひろがっていった。そこで1922年以来，満洲にも排日運動が濃厚となり，日本の大陸進出は阻害されたばかりでなく，日本の既得権益さえも危うくなってきた。関東軍による張作霖暗殺は，このような情勢を反映したものであった。このとき中央の軍部は関東軍の行動を是認し，その責任者処罰に反対し，時の田中内閣は軍部をおさえることができずに総辞職した。軍部はこの事件によって政党と対抗しうる自信をたかめ，さらに進んでは政府を動かして国内の自由主義・社会主義を弾圧するとともに，積極的な対外政策を行って，軍部独裁・政党政治反対，そして政党背後の財閥の排撃を考えた。そして次ぎの浜口内閣時代には軍事費の節減・ロンドン海軍条約の批准に反対し，自己の目的達成のためには暴力行使をも辞せず，かくて浜口首相は軍縮反対者のために暗殺され，日本政府は軍部を統制する力を失ってしまった。
　日本国内でも軍部の行動に対する非難がたかまったが，軍部はこれを直接に，または右翼団体をつかって弾圧し，反軍演説を行った犬養毅首相は同年5月15日軍人のために暗殺された（5・15事件）。このようにして軍部はついに日本政府を支配するにいたったのである。（村川・江上 1951：290-292）

　GHQ治下の時期の教科書においては，軍部の独走を強調する語り方が採用されていた。関東大震災・金融恐慌とそれに対する政府の無策に呼応するかた

ちで軍部が力をつけたとする内容を，1951年版では詳細に表現する。「従来より対外積極策を主張していた」軍部は「満洲に対してはとくに野心」をもち，張作霖暗殺も「中央の軍部」によって「是認」された。内閣を総辞職させ「政党と対抗しうる自信をたかめ」た軍部は「軍部独裁・政党政治反対」を考え，さらには「自己の目的達成のためには暴力行使をも辞せず」に首相暗殺を企て，ついに「日本政府を支配するにいたった」と述べる。

　軍部の責任を明確に表現した記述であり，世界史教科書に日本国内の事情を詳細に掲載しているところに，当時の時代状況がうかがえる。しかし，次に示す1956年版においては，同じ箇所でのこの種の説明は全面的に削除された。

> [1956年版]
> 　日本では1927年以来金融恐慌がおこり，つづいて3年後には世界経済恐慌の影響を受けて経済界は混乱し，労働運動が発展した。この社会不安に対し，政党は民衆の生活をほとんど考慮することなく，いたずらに政権争いを続けたので国民の信用を失い，これに乗じて軍部の勢力がにわかに擡頭した。（村川ほか　1956：276）

ここでは，政府に対する国民の失望を埋め合わせる存在として軍部が登場してくるという表現がなされており，一般国民と軍部とのつながりが，少なくとも一般国民と政府とのつながりと同程度には想定されることになる。この教科書では，以後この件に関する記述の変化は字句の修正などにとどまっている。軍部を一般国民と分けたうえでその独走に戦争責任を帰する思考法は，1956年版以降の書き方によって解消されたといえる。歴史叙述の再構築はこのように，日本国に帰属する者たちの間の断絶を取り除くかたちでなされた。

　1960年代には，教科書検定は〈国民社会〉への社会化を促す価値と規範が教育的知識に含まれているかを精査するべく機能するようになった。ある教科書調査官は，1963（昭和38）年に，検定についての考え方を述べるなかで次のような歴史像を推奨している。

　　日露戦争は日本がその国運の興廃をかけて戦った大戦争である。これを侵
　　略戦争と規定する傾向は戦後かなりながく継続してきたが，いまではまたも

とに戻って防衛戦であったとする説の方が有力になってきている。学説上のやりとりはともあれ，戦場に召された人びとの忠誠と勇武と秩序とは世界の人の称賛の的となっていた。いまのこどもたちがそういう人びとについて何も知らずに育ち，日露戦争については外交官の小村寿太郎だけしか記憶にとどめないとあっては，歴史としてまことに珍妙というのほかはない。［略］6年生の歴史の部でどんな人物をどうとりあげるかは，それぞれの教科書作者に工夫のあるところであろう。今後新しくされる教科書に筆者は大いなる期待を持つのであるが，重ねて希望することは，国および国民の自主的な立場を正しく身につけることができるような教科書が出てほしいという一事以外にはない。(出版労協 1964：16)

このように，「国および国民の自主的な立場」を再構築するためのメディアとして歴史教育を位置づけるという教科書調査官の意思が，教科書検定意見にとどまらず，一つの論説として公に示されはじめたのが，1963年から1964年にかけての状況であった。そうした意思は「国民」や「主権」についての情報のあり方に，とくに焦点を定めて表明された。

1966（昭和41）年には，中央教育審議会が「期待される人間像」を発表している。これは，中教審が文部大臣に答申した「後期中等教育の拡充整備について」の「別記」として添付された文章であり，高校教育の改革の理念を明瞭にするために，教えられるべき人間のあり方を提示したものである。全体として諸々の徳目が示されたが，それらの徳を取り戻さなければならない理由として，以下のような「今日の日本人の特殊な事情」が述べられている。

　第二次世界大戦の結果，日本の国家と社会のあり方および日本人の思考法に重大な変革がもたらされた。戦後新しい理想が掲げられはしたものの，とかくそれは抽象論にとどまり，その理想実現のために配慮すべき具合的方策の検討はなおじゅうぶんではない。とくに敗戦の悲惨な事実は，過去の日本および日本人のあり方がことごとく誤ったものであったかのような錯覚を起

こさせ，日本の歴史および日本人の国民性は無視されがちであった。そのため新しい理想が掲げられはしても，それが定着すべき日本人の精神的風土のもつ意義はそれほど留意されていないし，日本民族が持ち続けてきた特色さえ無視されがちである。(教育問題調査会編 1966：207)

〈国および国民の自主的な立場〉を強く主張し，重要な徳目として民族意識や愛国心を掲げるこの文章では，現代文明の科学水準に相応しい人間性の向上が図られるためにも，「われわれは日本人であることを忘れてはならない」とされる。ここでは，敗戦以後の社会状況の見直しが，「日本人の国民性」「日本民族」というまとまりを実体化させる視点から，呼びかけられるのである。

4　主権の継続性の再構築

国家の主権に関しては，例えば第二次世界大戦の日本の「無条件降伏」という記述に対して，それを無条件ではなかったとする検定意見が1960年代後半から示されることになり，その連続性が主張されはじめた。

> ［原文］
> 　無条件降伏
> ［検定意見］
> 　ポツダム宣言のような条件があったから，無条件ではない。事実に照らして改めよ。(出版労協 1968：4。1966年の検定意見)

日本国軍隊に対する「無条件降伏」を促すポツダム宣言を，条件として受け入れたのであるから，日本の降伏は「無条件」でなされたものではなかったとするこの見解は，国民国家の主要素の一つである主権の継続性を強調する歴史意識を反映している。

国家の主権とは，一般に，その国家自体の意思以外の何ものにも支配されない国家統治の権力のことをいう。「占領期」の日本はGHQの存在によってこれが妨げられる状態にあり，サンフランシスコ講和によって独立国となるまでは，語の本来の意味での主権国家とはいえない状態にあった。占領統治下の日

本においては，このことは事実として受け入れられていたが，講和による独立のあとは，GHQ時代に遡って主権が維持されていたと主張されるようになったのである。

その具体的な例は，GHQの存在の根拠となる「ポツダム宣言受諾による日本の降伏」についての教育的知識の変遷に表現される。以下に列挙するのは山川出版社『世界史』における，出版年の異なる版ごとの記述の変遷である。

> ［1951年版］
> 　10日日本は御前会議においてポツダム宣言受諾を決定，15日無条件降伏を行った。ここにおいて全体主義は完全に民主主義に屈服したのである。（村川・江上 1951：298）

> ［1964年版］
> 　8月10日，日本は御前会議でポツダム宣言受諾を決定し，8月15日連合国に無条件降伏して，ここに第二次世界大戦は終結した。このようにして大戦は民主主義国の全体主義国に対する完全な勝利におわったのである。（村川ほか 1964：310）

> ［1973年版］
> 　10日，日本側は御前会議でポツダム宣言受諾を決定し，15日降伏した。（村川ほか 1073：322）

ここで注目できる教科書知識の変質は2点ある。第一に，「無条件降伏」が1973年版から「降伏」となっていること，第二に，「民主主義国の全体主義国に対する完全な勝利」という説明的記述が1973年版から姿を消していることである。第一の点に関しては，先にみたように，ポツダム宣言を条件とした降伏を「無条件降伏ではない」とする検定意見が1966（昭和41）年ころから下されていた。歴史学的にあるいは法学的に議論するならば，日本の降伏を無条件降伏と捉えることの真偽が一つの論点になろうが，社会学的な意味でより重要なのは，敗戦後20年余りの間教育の現場で採用されていた〈敗戦による主権の断絶〉という歴史像が，この時期に見直されたという事実である。サンフランシスコ講和以後に主権国家の地位に復帰した日本は，自国の主権の継続性を過去に遡って再構築し，このような歴史の語り口を可能にしていったのである。

その時点での国家のあり方・立場が過去に投影されるという事例は、第二の点についても指摘することができる。敗戦後の日本にとっては、戦勝国は一括して「民主主義国家」とされ、日本を含めた「全体主義国家」は民主主義の力の前に屈したとされていた。しかし戦後の時間の経過のなかで、戦勝国は米ソの二陣営に分裂していき、それらを一括して「民主主義国家」と称することはできなくなった。その変質は、1971（昭和46）年の「ソ連は連合国の民主主義国といえるのか」（出版労協 1972：12）という検定意見に反映し、このため1973年版以降の教科書では、「民主主義国の全体主義国に対する完全な勝利」といういわれ方はなされなくなったのである。

以上のように、「国民」や「主権」の語られ方の変化から示されるのは、日本が占領状態を脱し自立的な国民国家として回復するのに合わせて、歴史を語るための「国民的な」枠組みが取り戻され、やがて自国民を中心とした歴史が提示されるようになったことである。〈国民社会〉の位相は、20世紀後半においてこのように再建された。

第2節　社会化としての国民化

1　近代社会にとっての学校教育の機能

ここで、学校教育による国民形成の機能について、少しばかり整理をしておくことにしたい。何ゆえにそのような機能が作用するのかを確認するためである。

その際、国民形成は近代学校教育の特徴だとされることからも、近代という時代について考えをめぐらせる必要がありそうである。近代を特徴づけるための視角はさまざまに設定することができるだろうが、ここではまず、固定的な身分秩序が無効になったという特性に着目してみたい。

身分秩序とは、ある人間の価値をその人が産み落とされた家族や地域と結びつけて定義し、その価値の上下によってある人間のふるまいを制限したり、人間どうしの関係を規定したりすることによって成り立つ秩序である。そこには

合理的でないと思われた制限や規定も存在したが、それらも含めて、「伝統的にそうなっている」とする人々の信念によって根拠づけられていた。

　そのような非合理性を、まさに理に合わないと指摘するようになったのが、例えば自由や平等や人権といった理念を手にした人々であり、それらの実現を求める意思が近代化の一つの原動力となった。近代という時代を把握するためには、そうした理念を社会的に定立させようとする市民革命が目印とされる。

　そして身分秩序の無効化を促すもう一つの契機となるのが、産業主義の興隆である。労働集約性の高い工業の登場により、不特定多数の労働者を用いた不特定多数の消費者のための大量生産が可能になると、ある一定の身分に属する人間のみを労働力とすることには限界が生じる。労働者はあらゆる身分から募られる必要があり、またそもそもの身分制が意味をなさなくなる。それゆえ近代を捉えるための画期として、産業革命もまた着目されるのである。

　しかし、身分秩序の無効化によって人間にもたらされるのは、近代の輝きばかりではない。身分の拘束から自由になり平等な権利が尊重されるようになった諸個人は、「伝統的にそうなっている」と信じていた原則に依拠して自らの行動を組み立てることができなくなる。自らをほかの誰かと交換可能な平等な労働力とみなす産業主義のなかでは、人生の組み立て方そのものを自ら自身で決定しなければならなくなる。近代的な主体の確立は、行動に付随する責任の個人化と不即不離に進行するのである。

　このため、旧来の秩序を失った人々は時として、自らの行動指針を定めきれない状態に陥ることになる。近代という時代への移行にともなって生じるこうした無規制・無規範状態を概念化して、フランスの社会学者エミール・デュルケムはアノミー（anomie）と呼んだ（Durkheim［1897］1960＝1985）。旧来の秩序が失われた社会の状態においては、新たに分化した社会の諸機能が統合されず、さまざまな局面で価値や規範の対立や葛藤が生じる。そして価値や規範が混乱し体系性を欠いた状態において、人々は不安、不満、焦燥、幻滅に直面する。社会の諸機能の統合不全と社会心理的な混乱とが相互に強め合っている状態が、アノミーである。

こうした近代への移行期における危機に際して学校教育には，新たな価値と規範の体系─すなわち文化─を人々に伝達し，社会秩序の再生・維持・存続に寄与することが期待されることとなった。デュルケムは教育を定義して，「社会生活においてまだ成熟していない世代に対して成人世代によって行使される作用」とし，その目的は，「子どもに対して全体としての政治社会が，また子どもがとくに予定されている特殊的環境が要求する一定の肉体的，知的および道徳的状態を子どものなかに発現させ，発達させることにある」とした（Durkheim 1922＝1976：58-59）。すなわち近代における教育の意義は，「未成年者の体系的社会化」を通して異世代間で一定の価値と規範が共有されるようにすることにあり，またそれゆえに，近代の社会的危機のなかで，学校はそうした社会化を最も組織的に行うことのできる社会的機関として位置づけられることとなった（Durkheim 1938＝1981）。近代社会において教育とは，そもそも個人にとっての利得から構想されるものではなく，社会の側の必要によって推進されるものとなったのである。

2 社会化

社会とは，人々が集団内で，あるいは集団間で秩序をもって関係性を取り結んでいる状態のことであるが，社会が凝集性（まとまり）をもつためには，人々に一定程度共通する価値や規範が行きわたる必要がある。そのために諸個人が社会の成員になるのに必要な知識や行動様式を身につける作用が，一般的に社会化（socialization）と呼ばれる事柄である。

しかし，このような説明で想定されるのは，諸個人が外部にあるものを吸収し自分のものにするというプロセスである。そうした作用はより正確には内面化（internalization）と称されるべきものであり，事象の半面のみを表現したにすぎない。近代社会の特性をふまえて字義どおりに理解されるならば，社会化についてはやはり，諸個人を社会のものにする，社会に適合させる（socialize）という側面の重要性が捉えられなければならない。社会化とは社会が成り立ち続けていくために，異なる世代，異なる立場の人々を結びつけることであり，

必然的に，とりわけ若い世代に価値と規範を共有させようとすることとなる。近代社会での学校が個人教育ではなく集団教育の場であることや，いずれの近代社会においても公教育（public education）の整備・充実がめざされることの理由は，ここに根ざしている。

　社会化が社会の側の必要から行われることであると理解するとき，その対義語としての私化（privatization）や個人化（individuation ないし personalization）についても理解が容易になり，また学校という社会的制度の性質も明確になる。私化とは所有に関する観念であり，ある事物を私的な所有権の範疇に入れようとすることを意味する。私物化という語が充てられることもあろう。近代学校教育がなす社会化は，本来的に公（public）に由来しまた公をつくり出そうとするものであり，私化の観念とは相容れない作用である。それゆえ，教育の民営化（privatization）が実質的に私化ないし私物化に帰結するような現象が見取られると，公教育の目的との不整合が指摘され，しばしば批判されることになる。

　個人化も同様に，基本的に社会化とは逆向きの作用である。先述したように，近代とは伝統的な行動の根拠が問い直され合理的な行動を促す原則を個人的に組み立てていくことが必要となる時代である。社会化はそうしたなかで，新たに共有しうる価値と規範を提示し実際に共有していくプロセスである。その意味では，個人化は社会化に先んずる現象であり，かつ，近代化の進展に応じて個人化の傾向が強くなるにつれて，社会化による連帯（solidarity）の必要性もまた強くなる。学校教育は，ときに個性の尊重を重視するが，それは〈そのように互いの個性を尊重する社会性〉を涵養しているのであり，その意味で社会の統合を促進する機能を果たすのである。世界のあらゆる社会において，画一化された教科書，年齢集団によって規制された学年制度，学級編成，標準化された卒業証書といった教育制度が採用され，そのような学校の仕組みが実現されること自体が近代化であるとされてきたのは，その社会に独自の整合的な経験的世界がこれらによって創出されてきたからである。そして学校で扱われる教育的知識の内容や性質が社会的に議論されるのは，知識の共有が社会的連帯

と密接に関わっていると考えられているからである。

　したがって，学校での伝達対象となる教育的知識（教育知）もまた，社会化を促すためにとくに選別された知識の体系だと気づくことが必要である。それは，人間が普通の生活のなかで活用している知識（日常知）とも，学問や技術の専門的な分野で必要とされる知識（専門知）とも異なっている。もちろん，それらとの関連は前提となるが，教育的知識は学校教育で伝達されることによって社会的凝集性を生み出すという目的に適うよう体系化されている。例えば，学習時間の総量や教員と生徒のコミュニケーションのあり方など，情報の量と質を限定する要因が加わる。さらに，具体的なものから抽象的なものへ，単純なものから複雑なものへと意味をもって配列されていることが期待される。教育的知識が構成される際には，こうした定義・序列・配分の問題が常にともなうことになる（田中 1992）。

　そして，その問題に暫定的な決着をもたらすのは，その社会をどのように存続させていく必要があるのかについての時々の政治的判断でもある。そのために，ある社会のなかでカリキュラムは常に見直され，教科書は常に書き直される必要が生じる（片岡編 1987）。本章の第1節でみたのは，こうした意味での教育的知識の社会的構成の具体例であった。

3　社会化の行き先

　ただし，教育を受け社会化された人間が成員となっていく社会は，一人の人間にとって一つだけではないのが現実である。社会学ではそれを，「全体社会」と「部分社会」の多重性で表現している。このことに関して，ここでは教育社会学者の藤田英典による議論（1993）を参考にし，理論的整理を行いたい。

　全体社会の内部には，相対的に小さな，そして互いに交渉の少ない部分社会が存在し，その部分社会も個々に社会化の機能を果たす。また全体社会の水準においても，〈国民社会〉の外側には〈世界社会〉や〈産業社会〉と称される人間の関係性の広がりが存在している。人間が社会化されていく，その行き先としての社会は，このように複数が重なり合い結びついて存在している。

	社会化される文化 (価値と規範の体系)の適用範囲	社会の位相	具体的な社会形態の例
全体社会 ↕ 部分社会	共通性・普遍性 (一般文化) ↕ 特殊性 (特殊文化)	〈世界社会〉 〈産業社会〉 〈国民社会〉 〈獲得的部分社会〉 〈生得的部分社会〉	国際社会、地球社会 資本主義システム 日本国 職業集団 家族集団、地域社会

図 5.1 全体社会と部分社会の多重性

出所:藤田(1993:17)を参考にして作成

　一方で、社会化の内容である文化－価値と規範の体系－は、より広い社会で共有可能なものから、相対的に狭い社会で共有されるものまで、社会の位相の相違に合わせて異なっている。その適用可能な範囲の広狭によって、全体社会の存立に寄与する共通性の強い文化と、部分社会の存立に寄与するより特殊性の強い文化という相対的な軸が設定できる。

　例えば、ある人は家族集団を生活の基盤にしつつ、地域社会に住まい、職業集団において生活の糧を得て、〈国民社会〉のなかで政治的な意思を表明するということを行う。この場合、家族集団の文化と職業集団の文化はやはり異なる内容をもち、また〈国民社会〉がより多くの人々と共有可能な一般文化によって成り立っているのに対して、地域社会では相対的には特殊な文化として把握される文化が共有されているといえる。人間が社会化されていく複数の社会は異なる位相に位置づけられ、人間はそれぞれにおける価値と規範を重層的に身につけることで各々の位相に社会化されていく。

　そして、近代における学校教育は、こうした複数の社会の位相への社会化を、段階的に網羅すべくその目標構造を設定する点に特徴がある。デュルケムはこのことを、次のように指摘していた。

各社会は人間に関して肉体的および道徳的見地からと同様に，知的見地からも人間はどうあるべきかについての一定の理想を作りあげる。この理想はある程度まですべての市民にとって同一である。そして，ある点を越えるとすべての社会がその内部に包含している特殊な環境に応じてその理想は分化する。一様にして多様であるこの理想こそ教育の極限である。教育はそれゆえ次のことを子どもに生ぜしめることをその機能とする。①子どもが属している社会が，そのいかなる成員にも欠如してはならないと考える肉体的および精神的一定状態。②特殊な社会集団（カースト，階級，家族，職業）が，それに所属しているすべての者に同様に存在しなければならないとみなす若干の肉体的および精神的状態。（Durkheim 1922＝1976：57）

　ここでは学校教育が扱う文化として，①は全体社会の共通文化を，②は部分社会の特殊文化を表現しているといえる。学校教育と国民形成の関係について考察する際に，こうした社会化の行き先の複数性を参照しておくことは重要である。「国民形成」とは〈国民社会〉の成員としての社会化であり，全体社会で社会生活を送るための共通文化が身につけられることをさす。しかし，人間が属する社会としては，その下位に位置する部分社会もあり，また〈国民社会〉の外側に広がる〈世界社会〉や〈産業社会〉も存在する。それらの社会で生きていくためには，その位相に適合的な文化の獲得も必要となる。
　1950年代の日本の教育が取り組まなければならなかったのは，このうちの〈国民社会〉の位相の再建であった。それは，独立した国民国家が再出発するという社会情勢を背景に促されたものであった。1950年代に生じた第一次歴史教科書論争は，その変革にともなう摩擦であったといえる。しかしこの後，高度経済成長を成し遂げた日本が直面するようになったのは，国際化やグローバル化という社会情勢であり，そのもとで，再び教育の変化が期待されるようになる。社会化の行き先として〈世界社会〉の位相への接続を整備する必要が生じ，そのことが1980年代の第二次歴史教科書論争の火種となる。次には，そうしたなかでの学校教育による国民形成の意義の変化をみることにしたい。

第3節 〈世界社会〉の位相への接続

1 新たな教育的知識の模索

歴史教科書における教育的知識の変遷をたどると，1960年代から1970年代にかけては〈国および国民の自主的な立場〉に依拠した視点が採用され，自国民の擁護・称賛という点において有効な情報が整備されていったことがわかる（岡本 2001：99-127）。1950年代の教科書にあった，第二次世界大戦での全体主義国家の戦争行為を「侵略」とする表現や，東南アジアでの日本の軍政当局の「横暴と無能」，太平洋戦争への「無謀」な突入といった表現が取り下げられ，その代わりに，日露戦勝が「植民地化のすすんでいたアジア諸国に大きな刺激を与え，アジアの民族感情を成長させる役割を果たした」こと，義和団事件では「日本兵がもっとも活躍した」ことといった情報が登場した。

だが，1964（昭和39）年の海外渡航自由化にみられるように日本国民の活動が再び世界に向かうようになると，〈国民社会〉の外部につながるための価値と規範が，教育的知識のなかに取り込まれる必要が生じることにもなった。1950年代以来の賠償交渉によって東南アジア諸国との交流が再開し，また1965（昭和40）年の日韓基本条約と1972（昭和47）年の日中共同声明で対韓・対中国交が正常化すると，教育的知識には，〈国民社会〉を複数の社会の位相のなかに相対化する視点・概念・事項の採用が模索されはじめたのである。1970年代半ばから1980年代初頭には，教科書執筆者・出版社の側が新たな術語を提示しはじめ，文部省検定がそれらを統括するために国家の立場のさらなる強調を行うという図式が成立した。

教育的知識の模索が試みられる背景にはまた，戦後日本の社会科学の基調の変化を指摘することもできる（石田 1995）。1970年代，アジア諸国との関係においてサンフランシスコ講和が戦争被害の問題を未解決のままにしたことの齟齬が表面化し，またアメリカ合衆国のヴェトナム政策と戦前の日本のアジア展開政策とが類比されるようになったことで，日本の社会科学は日米のアジア政

策における軍事的な関わりあいを，戦後に日本がアメリカから学んだ民主主義に照らして検討する視角を得た（石田 1995：34-85）。このような学界における刷新の雰囲気は，教科書執筆者・出版社が提示しはじめた歴史記述のための術語にも表れている。満州事変から第二次世界大戦終結までを一括した「15年戦争」という呼称や，東南アジア史についての諸々の情報を教科書に登場させようとしていることが，この時期の検定申請本の特徴となっている。

　文部省はこうした変化に対して，例えば「15年戦争」については1976（昭和51）年の検定意見で「15年戦争という用語はまだ辞典にも出てこないので，ここで取り扱う必要はない」（出版労連 1977：19）とし，1979（昭和54）年の検定意見では「見出し，本文に出すのはどうか，まだ広まっていない」（出版労連 1980：31）とした。朝鮮史における「洪景来」やヴェトナム史における「ファン＝ボイチャウ」についても，1977（昭和52）年に前者に対して「不要」（出版労連 1979：23），後者に対して「耳新しいものはなるべく入れるな」（出版労連 1979：23）という検定意見が付されている。しかしこれらの人物は，山川出版社の高校世界史教科書では1994年版から登場することになり，この種の知識を教科書の内容として次第に定着させていくことが，これ以後の文部省と教科書作成者のやり取りの特徴となるのである。

2　教科書検定の裁量

　教科書出版社が「南京虐殺事件」を教科書に取り入れようとする働きかけを開始したのも，1970年代の半ばからのことである。こうした申請に対してこの時期の文部省は，軍の組織的な関与を否定する立場から検定意見を下している。

［原文］
　20～30万人といわれる多数の中国人の難民・婦女子を殺害した。
［検定意見］
　数字は諸説ある。数字をあげることは妥当でない。難民のなかには，敗残兵やゲリラもいる。（出版労連　1979：21。1976年の検定意見）

第5章　教育的知識の変遷と〈国民社会〉の位置　133

> ［原文］
> 　南京占領後，日本軍は多数の中国軍民を殺害した。南京大虐殺（アトロシティー）とよばれる。
> ［検定意見］
> 　占領直後に軍が組織的に虐殺したように読み取れる。虐殺の発生時期や組織性は断定できない。
> ［見本本］
> 　日本軍は，中国軍のはげしい抗戦を撃破しつつ激昂裏に南京を占領し，多数の中国軍民を殺害した。南京大虐殺（アトロシティー）とよばれる。（『朝日新聞』1993.10.20 夕刊2面。1980年の検定意見）

　そして，朝鮮半島に関する記述のあり方はより複雑な課題となる。文部省は，帝国時代の日本の国家体制に即して「朝鮮人」を「日本国民」として扱い，そのほかのアジア人の民族・国民とは分けて考えようとする。この時期には，そのことが朝鮮人の「連行の状況」に関する記述のあり方を強く拘束するのである。

> ［原文］
> 　また朝鮮人・中国人を日本本土に強制的に連行し，鉱山などで酷使した（1939～45年に少なくとも60万人以上の朝鮮人，約5万人の中国人が強制連行された）。朝鮮・台湾でも皇民化政策（朝鮮では，朝鮮人の民族的独自性を否定し，日本語の強要，姓名を日本式に変える「創氏改名」，神社の設置と参拝の強制などをおこなった）がおしすすめられた。
> ［検定意見］
> 　朝鮮人と中国人を区別して書くこと。当時朝鮮は，日本の領土であり，国民徴用令を適用したもので，朝鮮人の場合強制的とはいえない。（出版労連 1982：49。1980年の検定意見）

> ［原文］
> 　人手不足のため，朝鮮や中国の人たちを強制的に日本に連れてきて鉱山などで働かせました。
> ［検定意見］
> 　中国と朝鮮が並列的表現となっており，誤解をまねく。当時の実情（朝鮮人は日本国民）をふまえて。（出版労連 1983：44。1981年の検定意見）

当時の「朝鮮人」がサブナショナルな概念として把握され，そのうえで「日本国民」という概念がそれらを包含するという論理が用いられている。その意味で，ここでは国民概念に依拠した情報の整理が要請されているといえる。さらに，当時の「朝鮮人」が「日本国民」であるために，「国民徴用令」が形式的にでも適用された連行であれば，それは「強制的とはいえない」とする論理が採用されている。

　日本国民の社会的諸活動が〈国民社会〉の内部に限定されるものではなくなったとき，〈国民社会〉の外側に広がる現実に加わるためにはその位相での価値や規範を内面化する必要が生じるが，国家制度の一部としてある学校教育においてはその十全な展開が難しくなる。ここにみられるのは，〈国民社会〉における価値・規範と，〈世界社会〉における価値・規範との葛藤である。

　増加する新情報を特定の枠組みから整理しようとする働きかけは，当時の政治状況によっても支えられていた。1980（昭和55）年ころからは再び教科書内容についての社会的関心が高まったが，ここに発する第二次歴史教科書論争は，文部省による教育的知識の統制状況に対する，自由民主党および経済界からの異議申し立てとしてあった。その背景には，1980年6月の衆参同日選挙での自由民主党の圧勝にみられる「保守回帰」の流れが指摘される（大嶽 1996：147-174）。自由民主党は，この年，機関紙『自由新報』において論説「いま教科書は－教育正常化への提言」を連載し，社会科と国語科の教科書批判を開始した（髙嶋 1994：22-37）。また経済界においても，公民教科書に「商社のリベート」や「誇大広告の批判」があることを取り上げて，検定制度がこうした記述を統制できていないことが問題であるとする批判が生じ，経済広報センターが同趣旨の社会科教科書批判のレポートを公表することとなった（大嶽 1996：149）。

　こうした論調を支えたものとして，さらに，戦後の経済復興を遂げたあとの自国民の優越性を表明する「文化ナショナリズム」の存在を指摘することもできよう（吉野 1997）。そのような文化ナショナリズムは「日本人論」というかたちで1970年代から1980年代初めにかけて大量に消費され，経済的成功と社

会的安定を根拠に，日本人としての文化的優越感を表明するものであった。文化的・人種的に均質な人々の集団として「日本人」を想定し，そこにある特徴をその境界の外側との異質性に依拠しながら根拠づける営みである。したがって，その信奉者は知識人のなかでも財界人に多かったとされる（吉野 1997：167-201）。

3 「侵略／進出」問題以後

　1982（昭和57）年6月，日本の教科書検定の内容について中国・韓国からの抗議が寄せられることになった。昭和前期の日本国民の大陸への展開を「侵略」と表現しようとする申請本に対し，教科書検定が「進出」という表現に改めさせていることの問題性が，抗議の対象となった。教科書検定においては，1970年代から「侵略」という言葉に意見が付されるようになっており，例えば1976（昭和51）年には「侵略政策という表現が適切か」（出版労連 1977：19）という意見で改善の推奨がなされていたが，1977（昭和52）年には「まずい。『侵略』は進出あるいは侵入とせよ」（出版労連 1979：24）という，必ず修正を必要とする勧告へと変わっていた。そして1980（昭和55）年の検定事例には，「自分の国の歴史の教科書としても『侵略』ということばはいかがかと思う」（出版労連 1982：49）とするものが登場している。すでにみたように，1970年代からの教育的知識の刷新に対して文部省は国家の立場に沿った情報の整理を行っていたが，それが〈国民社会〉の外部から疑問視されたのである。

　もっとも，1982（昭和57）年に生じた教科書検定内容の国際問題化は，1981年度の検定申請本における「中国戦線に関する記述」のなかで「侵略」を「進出」に改めさせた事例があるとの報道を発端にしており，のちにこの条件のすべてを揃えた検定事例が存在していないことが判明すると，これを「誤報」に基づく問題であるとして，中国・韓国からの抗議そのものが無根拠であったとする論調が生じた。しかし1981年度検定においても，「中国戦線に関する記述」のほかではこの種の修正指示が下されているため（出版労連 1982：48），抗議の対象となる性質の検定事例は存在していたといえる（髙嶋 1994：43-50）。

結果として，当時の内閣官房長官が中国・韓国に対して教科書の是正を約束する政府見解を発表し，1982（昭和57）年11月には教科用図書検定基準に「近隣のアジア諸国との間の近現代の歴史的事象の扱いに国際理解と国際協調の見地から必要な配慮がされていること」との一項が追加された（近隣諸国条項）。また高校教科書に関して，その訂正を早めるために，検定申請の受理を一年繰り上げて1983（昭和58）年に受理することが決定されている（徳武 1995：206）。

　これを受けて国内の状況は変化をみせ，教科書検定の内実の公開が促進されることとなった。文部省は1982・1983年度の検定意見の事例を一部公開し，また教科書執筆者側も出版労連の出版物などを通して検定事例の公開に踏み切ったからである。重要なのは，教科書作成のプロセスが公開されることによって，複数の社会的な視線がそこに向けられるという状況が，ここにおいて成立したということである。〈国民社会〉の位相を支える価値と規範の整備に注力する傾向のある教科書検定を，さらにその外側から監視する仕組みができ上がったといえる。1950年代の教科書論争において社会化の行き先としての〈国民社会〉の再建がめざされたことと，1980年代の教科書論争が〈国民社会〉を複数の社会の位相のなかに相対化したこととを対比すると，その両者の間で日本という国家システムを支える条件が大きく変化していることに気づくことができる。

　この状況のもとで，教科書検定意見の傾向は変化しはじめる。その変化は，それまでも最も多く議論がなされていた，日本による朝鮮支配をめぐる記述に端的に現れることとなった。朝鮮人の連行に関して，文部省がかつて採用していた「国民徴用令を適用したもので，強制的とはいえない」という考え方はこの時期に取り下げられ，代わりに「官斡旋」が強調されるようになる。そして検定の焦点は，もっぱら連行された人々の数をめぐるものとなるのである。

［原文］
　強制的に徴用された朝鮮人の数は約70万人にのぼり約4万人の中国人も連行されてきた。
［検定意見］

第5章　教育的知識の変遷と〈国民社会〉の位置　137

> 　内地に移入された朝鮮人労働者の大部分は，いわゆる官あっせんによるものであるといわれ，これに対して徴用令が実施されたのは七カ月にすぎないから，これによった人数は少数であるとみられるので，これらを合わせて「徴用」と表現することは不正確である。ただし，官あっせんという方法は，実施の段階では強制による場合が少なからずあったといわれるので，徴用による方法と合わせて，強制的なものであったともみられる。当時，朝鮮人は，日本国籍を持っていたので，その法的地位は外国人たる中国人とは異なるので，朝鮮人と中国人とを同一に扱うことは不適切である。
> ［見本本］
> 　強制的に連行された朝鮮人の数は約70万人にのぼりそのほか約4万人の中国人も連行されてきて，鉱山や炭坑などではげしい労働をさせられた。（出版労連　1984：34。1982年の検定意見）

　ここにおいて，文部省は朝鮮人の連行が「強制的なもの」であった可能性を認めることとなった。また連行された人数に関しては，それをなるべく少なく表現しようとする傾向は存在しているものの，逆にそのことが教科書検定の目的を「連行の状況」についての検証へと変化させていったのである。

　教科書検定が，国家の立場の自動的な擁護から歴史事象に対する学術的な検証へとそのアプローチの仕方を変化させたことは，戦勝国と日本の関係に関する記述への意見にも同様にみてとれる（出版労連　1987：36；1989：55）。1980年代半ば以降の教科書の成立環境の変化は，日朝関係史についてのみならず，教科書における歴史記述の精緻化を模索する傾向を生じさせることになった。

4　精緻化される歴史

　歴史記述の精緻化を最も端的に表現するのが，日朝関係史に関する記述の変遷である。近代国家としての日本が他国との関係を取り結ぶ際，最初にその対象となったのは，地理的に最も近い朝鮮半島であった。そのため教科書においても，明治維新についての記述のすぐあとに，朝鮮との外交史が記載される。だが1950年代の時点では，教科書の記述はきわめて簡素なものであった。

[1951年版]
　維新以来，日本は朝鮮に開国を求めつつあったが，ロシアの南下に対し，朝鮮を弱体清国の支配下におくことの危険を考え，これを独立国たらしめようとして，1876年朝鮮との間に済物浦条約[ママ]をむすび，朝鮮の独立・釜山の開港を約させた。以来日本の貿易は発展して朝鮮市場を独占したが，一方清では1880年以後朝鮮市場の回復，宗主権の再確認を求める空気が強くなり，この間朝鮮王室の内輪争いもからみ，やがて日本の商権は朝鮮から駆逐されるにいたった。焦慮した日本は東学党の乱を機会に清と戦端をひらいたが，近代的装備の日本軍の前に清軍は弱体ぶりを発揮し，下関条約によって，清は遼東半島・台湾を日本にさき，朝鮮の独立を認めた。やがて朝鮮は日本の保護国となり，さらに日本帝国の一部となって，1945年までその統治を受けた。（村川・江上　1951：254-255）

　これが，1951（昭和26）年の山川出版社『世界史』における近代朝鮮についての記述のすべてである。ここでは朝鮮に関する事柄は日清関係の記述のなかで副次的にふれられるのみである。明治維新から1945（昭和20）年までの日朝外交史が一括されており，日本の朝鮮半島への勢力拡大が具体的にいかなる段階を経たのかについては，詳細な情報は提示されない。このあと1970年代の版にいたるまで，隣国に対する歴史認識は基本的にこの状態にとどまっている。

　日朝関係史に関する情報が加速度的に増加しはじめるのは1980年代に入ってからであり，これは日本が韓国との関係を密にしていく過程と親和的である。現在における日韓関係が密接なものになるほどに，過去の日朝関係も詳細に語られるようになるのである。そしてその作用によって増加した情報のうちに，大陸への日本の「進出」という言葉が含まれていた。その意味で，「進出」に対する韓国からの異議申し立ては1982（昭和57）年に出るべくして出たのだといえる。その後の1983（昭和58）年の版からは「大陸侵略」という言葉が採用され，日朝関係史の記述は「朝鮮の開国と日清戦争」「日露戦争と日本の韓国併合」という小見出しを与えられて独立している。江華島事件に関しては「日本の軍艦が朝鮮沿岸で演習をおこない」（村川ほか　1983：270）と，日本側からの働きかけが強調され，また初めて写真とともに登場した「三・一運動」については「日本の軍・官憲による弾圧を受け多数の死傷者をだし」（村川ほか　1983：305頁）と，自国民を擁護・称賛する従来のスタイルとは異なった観

第5章　教育的知識の変遷と〈国民社会〉の位置　139

点からの情報が付与されることとなった。

　これらの記述は，1987年版で若干の表記・表現の変更を加えられるものの，1980年代を通して継承されている。1989年版では「大院君」「閔氏」などの事項が新たに加えられ（村川ほか 1989：266），三・一運動に関する記述は「朝鮮の三・一運動」と小見出しつきで項目が独立し（村川ほか 1989：301），朝鮮内部の事情がさらに詳述されるようになる。また韓国併合に関しては，3次にわたる「日韓協約」や「反日義兵運動」に関する情報が加わり（村川ほか 1989：281），その経緯が明瞭に理解できるようになった。

　1990年代に入ると情報量の増加はさらに促進され，その分量は1950年代の版のおよそ5倍となった。1970年代の検定で「不要」とされた「洪景来の乱」が詳述され，「大院君」「閔氏」の記述はさらに増えて19世紀の朝鮮の内部事情が日本の勢力拡大とからめて述べられる（江上ほか 1994：260）。従来日露戦争との関連で述べられてきた「日本の韓国併合」は小見出しつきの項目としてさらに独立し，「日韓協約」の経過が示されることによって，日本が韓国を併呑していく過程が明らかにされた。1950年代の教科書での「やがて朝鮮は日本の保護国となり，さらに日本帝国の一部となって，1945年までその統治を受けた」という1行だけの説明と比べると，情報の精緻化の進展を理解することができる。

　日本の支配体制の実態についても記述がなされるようになり，とくに「反日義兵闘争」については写真が掲載されて，「朝鮮では，国家の危機に際し，自発的にたちあがった人々を義兵とよび，19世紀末から20世紀にかけて，反日をとなえる義兵闘争がくりかえされた」（江上ほか 1994：275）という，支配される側の状況が説明されるようになった。また，「創氏改名」についても初めて記述され，「日中戦争前後から朝鮮に対する日本の支配はいちだんと強まり，朝鮮名を日本名に改めさせる『創氏改名』などの同化政策が進められた。戦争中の日本の労働力不足をおぎなうため，朝鮮では労働者の強制連行もおこなわれ，戦争末期には徴兵制も適用された」（江上ほか 1994：315）と，植民地支配の実態についての情報が増加した。

この種の情報の増加は，歴史教育がもはや〈国民社会〉の位相を支える情報のみを扱うものではないことを示している。日本国民の社会圏が〈国民社会〉の外側に広がった以上，その位相に社会化されていくための価値や規範も教育的知識として扱われる必要が生じる。その意味で，1980年代の歴史教科書論争の争点は，〈国民社会〉の位相と〈世界社会〉の位相の接触面に発生したものということになる。

　もちろん日本の教育を制度的に最も強く支えているのは日本国という国家であり，それゆえに歴史を叙述するにあたって，国家・国民を単位にした認識枠組み―国民史（ナショナルヒストリー）の語り口―は容易には放棄されない。すなわち，アメリカの歴史学者ウィリアム・マクニールが「世界史」を描くにあたって採用しているような俯瞰的な視座は採られないのである（McNeill［1967］1999＝2008）。1994年版の記述は，日本による朝鮮の領有や，「文化政治」や「創氏改名」を通じた国民化の事実を正面から取り上げているが，これは国民史の枠組みに基づいた観点から社会の状態をより詳細に表現することにほかならず，自らの国民に対して客観的かつ批判的と受け取ることのできる情報の増加は，その一環で生じてきた現象だといえる。1990年代以降の教科書の記述は，国民史の枠組みを維持しつつ，その内部で扱われる価値を多元化させる形式をとって，〈国民社会〉の外部で要請される価値と規範を伝達するようになったのである。

第4節　日本社会の多文化化と学校教育の変化

1　日本社会の内なる国際化

　ここまでみてきたのは，歴史についての教育的知識が社会的に構成されるプロセスであった。1950年代の半ばからは，社会化の行き先としての〈国民社会〉の位相の整備が行われることで，教科書が提示する歴史像が様相を変えた。また1970年代からは，〈世界社会〉の位相との接続が模索されるなかで教育的知

識の刷新も行われていった。そこで着目できるのは，日本とアジア諸国との国交の回復，社会科学の基調の変化，マスメディアの国際的な連動といった現象であったが，そうしたことを背景とした日本国民の社会的諸活動の非領域化によって，学校教育による国民形成の意義自体が変化してきたことが確認できた。

転じて〈国民社会〉の内部をみると，1980年代は政策としての国際化が唱えられ日本国民の国際的活動が称揚されるとともに，内なる国際化が始まった時代でもある。ここでは，そのような日本社会の多文化化と学校教育にもたらされた変化の状況を，整理しておきたい。

主として，国内経済の活況と労働市場からの要請を理由として新たに入国しはじめた外国人は「ニューカマー」と呼ばれ，第二次世界大戦ころまでに日本に定住するようになった「オールドセトラー」と分けて呼称されるようになった。国内労働力の不足を外国人労働者によって補填する政策がとられ，1980年代後半のバブル景気はそれによって支えられることとなった。日本の場合，流入した人々が教育的知識の構成プロセスに直接的に関わる政治力をもちえてはいないが，それでも社会が「単一民族国家」や「文化的に均質な社会」ではないということを人々が視覚的に認識するうえで，相応のインパクトが生じたといえる。社会的価値のイメージが均質性から多元性へと移り変わっていったことは，この時期以降の日本社会に生じた最も大きな変化である。

また1990（平成2）年には，「出入国管理及び難民認定法」が改定された。それによって，かつて日本からブラジルやペルーなどの海外に渡った日本人移民の子・孫の世代については，就労に制限のない資格での入国・在留が可能となった。日系の者は，それ以外の者に比べてより日本社会に適応しやすいだろうという想定に基づく政府の判断である。さらにこの時期には，アジア諸国や中南米諸国からの労働者，中国帰国者の家族，外資系企業駐在員などの受け入れが拡大された。また，1983（昭和58）年に文部省が策定した「留学生10万人計画」の実現のために留学生・就学生の入国枠が拡大されていった。図5.2は登録外国人の総数の推移とその出身地別の内訳を示したものであるが，1980年代半ばから総数の拡大傾向が継続し，また，とりわけ中国とブラジルからの

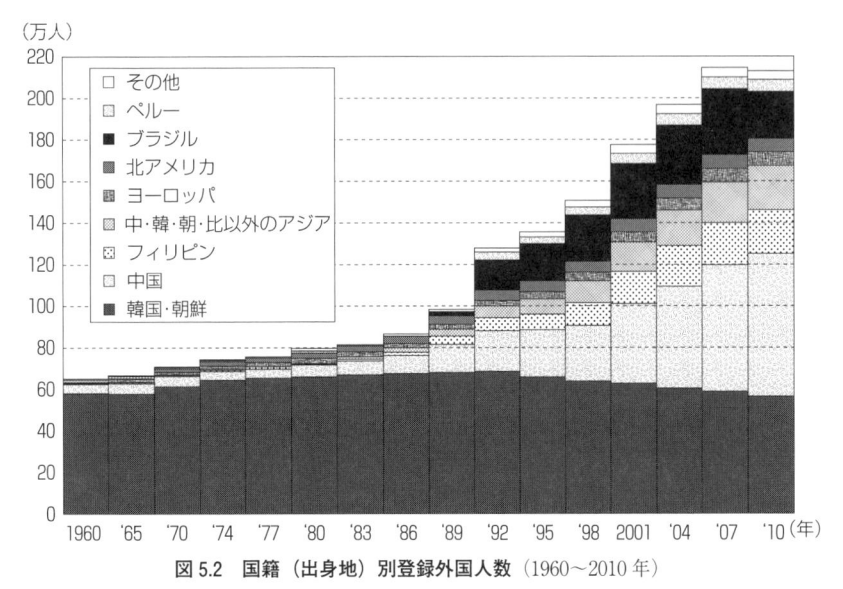

図 5.2　国籍（出身地）別登録外国人数（1960〜2010 年）

出所：各年次の『在留外国人統計』より作成

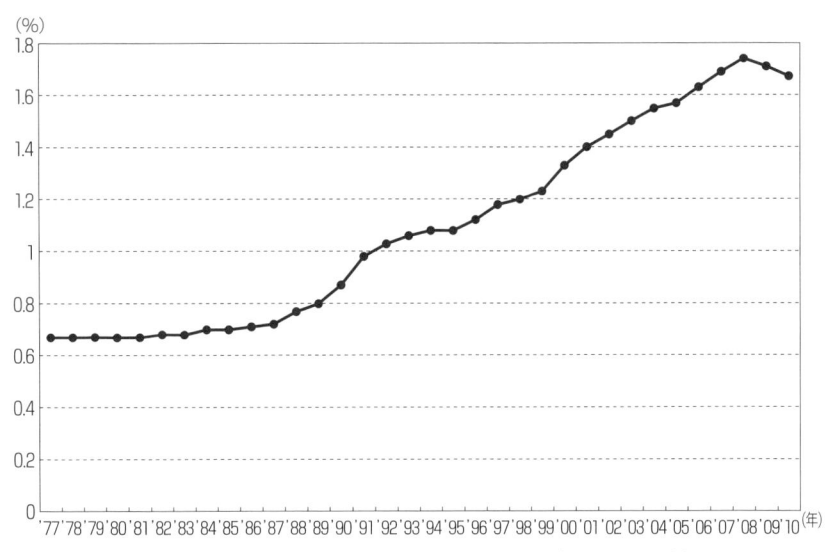

図 5.3　日本の総人口に占める登録外国人の割合（1977〜2010 年）

出所：図 5.2 と同じ

入国者の増加を中心として，出身地が多様になってきていることがわかる。

　結果として，2005（平成17）年には日本国内に定住する登録外国人の総数が200万人を越えることとなり，総人口に占めるその割合はおよそ1.6％となった。この外国人数と総人口に占めるその割合は，世界のほかの国々に比べればまだ少ないともいえるが，図5.3にも示されるように，日本の場合は1970年代までは定住外国人の数は80万人以下，総人口に占める割合は0.7パーセント以下であった。すなわち，その後の30年の間に二つの数字がともに倍以上に大きくなったことになる。国内人口の構成がかくも急速に変化した例は世界においても珍しく，日本社会の多文化化はその進展の速さにおいて顕著な特徴をもっているといえる。

2　外国人児童・生徒の存在

　1980年代以降の人口流動性の高まりは〈国民社会〉の構成を現実的に変化させており，学校教育の機能と役割にも新たな要請を提示することになった。ニューカマー外国人の増加と定住は，彼らが日本社会で親になることで，学校

表5.1　外国人児童・生徒の修学状況（2011年度）

	全児童・生徒数	外国人児童・生徒数			
		国立	公立	私立	計
小学校	6,887,292	47	41,166	420	41,633
中学校	3,573,821	33	21,806	955	22,794
高等学校	3,349,255	39	8,725	4,039	12,803
中等教育学校	26,759	0	110	24	134
（内数）前期課程	15,953	0	55	8	63
後期課程	10,806	0	55	16	71
特別支援学校	126,123	13	710	2	725
（内数）幼稚部	1,543	0	5	0	5
小学部	36,659	1	184	0	185
中学部	28,225	2	103	1	106
高等部	59,696	10	418	1	429

出所：文部科学省（2012）より作成

教育における外国人児童・生徒の増加という現象につながったのである。表5.1に示すように，2011年度には小学生の総数約692万人のうちおよそ4万2000人が，中学生の総数約362万人のうちおよそ2万3000人が外国籍であった。日本の義務教育段階の学校に通う者のおよそ0.6％が外国籍の児童・生徒ということになる（文部科学省 2012）。

　また，外国人児童・生徒のうち，日本語の習得が必要な者が大きな割合を占めていることも重要である。2008年時点で，公立の小学校・中学校・高校などに在籍する日本語指導が必要な外国人児童・生徒の数は2万8000人を数え，2010年時点でも2万8511人と同水準を維持している。ここで「日本語指導が必要」な者とは，日本語で日常会話が十分にできない児童・生徒，および，日常会話ができたとしても学年相当の学習言語が不足し学習活動への参加に支障が生じている児童・生徒をさしており，多くは中国語・ポルトガル語・スペイン語を母語にしている（文部科学省 2009；2011）。

　もう一点，義務教育段階を修了したあと，高校進学者の割合が小さくなることも，外国人生徒に特徴的なことである。高校進学率のきわめて高い日本社会では，後期中等教育修了資格が職業社会参入のための基礎資格になる面が強いが，外国人生徒の場合，およそ半数のみが高校へ進むというのが現状である。中等教育の継続の困難さは，現に日本社会に暮らしている少なからぬ数の外国籍の若者が，日本社会に十分に包含されないという結果をもたらしているといえる。

　同様に進行中の事象として，教育を受ける場にそもそもなんら属していないという不就学の問題が，外国籍の子どもたちに関して危惧されるようになった。日本の総人口に占める定住外国人の割合と比べても，小・中学生総数に占める外国人児童・生徒の割合は小さく，少なからぬ外国籍の子どもたちが教育を受けない状態にあることが示唆される。そうした就学状況を正確に把握することはきわめて難しいが，宮島・太田（2005：22-23）が総務省行政評価局の推計を利用しながら行っている議論によれば，2001（平成13）年の時点で日本には学齢相当期の6～14歳の外国籍の子どもがおよそ10万6000人いたと推定され，

そのうち日本の義務教育諸学校の在籍者が6万8000人，各種学校として認可された外国人学校の在籍者数が2万6000人であった。残るおよそ1万2000人という数が，不就学者の数と強く関連するものとなる。もちろんこの数字がすぐに不就学者の実数となるわけではなく，ここには各種学校に認可されていないエスニック学校に通う者が含まれており，他方，超過滞在者などの不正規滞在者はほとんど含まれていない。しかしながら万単位の数で不就学状態の外国籍の子どもがいることが推計されたのである。

　ここで試みにその後の状況を試算してみる。『在留外国人統計』によると，2010年末の登録外国人数のうち，「5〜9歳」は6万600人，「10〜14歳」は6万2334人である。ここから「学齢相当の外国籍の子ども（6〜14歳）」を推計すると，11万814人となる。2011年度の学校基本調査では，表5.1でみたように小・中学校に在籍する外国人児童・生徒は6万4781人であった。また各種学校として認可された外国人学校の在籍者数は2万6618人である。ここから推し量ると，2001年時点でおよそ1万2000人と目されていた不就学者に関わる数が，2011年時点ではおよそ1万9000人になっていることになる。

　法的には，教育を受ける権利や義務は日本国憲法第26条や教育基本法第4条・第5条で規定されている。そしてしばしば，そこでの文言は「日本国民」についての規定であり，日本国籍をもたない者の権利や義務については明文化されていないといわれる。日本の学校教育は「国民形成」を担うものであるとされることで，外国人児童・生徒に向けては個々の事情や状況ごとの対処がなされるのが通例となる。

　しかし他方で，日本も批准している「国際人権規約」や「児童の権利に関する条約」といった国際条約では，その国に住むあらゆる子どもの教育を受ける権利と機会の保障が謳われている。社会の内なる国際化が進行するなかで新たに生じてきた要請とは，こうした国内法の想定と国際条約の理念のすり合わせに関するものである。その意味では，公教育の目的を国家の維持のための国民育成のみにおく考えに対して，それを社会の維持のための共同性の涵養とする考えが対置される状況が，日本社会に生じたのだといえる。

3　社会科学における近代主義的国民観の浸透

　社会の内なる国際化にともなって、〈国民社会〉に暮らす人々が一様ではないことが認識されるようになったのが、1980年代以降の日本社会である。前節までにみたように、すでに社会化の行き先が複数化することで〈国民社会〉はそうした位相の重なりの一部に相対化されていたが、さらに〈国民社会〉の内部においても構成員の多様性が顕著となったことになる。そして、学校教育による国民形成が従来前提としていた単一の国民像を問い直させることとなったのが、外国人児童・生徒の存在であった。

　こうした社会の変容は、同時期の社会科学の基軸の変化としても表現されていた。〈国民社会〉を構成する国民という概念について、従来はその永続性を前提とする傾向が強かったといえよう。すなわち、太古の昔から現在にいたるまで比較的同質性を帯びた存在として日本人がおり、日本はそうした人々の社会として存続してきたとする歴史の理解がその一例である。日本人という実体を先に想定し、それがつくり出すものとして〈国民社会〉を説明するという点で、こうした原初主義的な思考が存在した。

　それに対して、多様な背景をもつ人々が日本社会に多く暮らすようになると、日本という〈国民社会〉が日本人という実体に由来するという理解はしづらくなる。むしろ、必ずしも日本人とは限らない多様な人間が日本社会を支えているという現実を前にすれば、〈国民社会〉はそこに住む人たちによってそのつど更新されながら維持されているという理解が可能になる。さらに、従来素朴に日本人と呼ばれていた人々の間にも、歴史的にみれば多様な出自があり、それらが統合されることによって日本人という共通の属性にまとめあげられていったという歴史理解もなされるようになった。こうした構成主義に則った説明においては、学校教育が作用することによって結果的に形成されるのが「国民」ないし〈国民社会〉だと捉えられることになる（李　1996）。

　社会科学において、こうした構成主義的な観点は、国民を近代性の所産と捉える議論として定式化されてきた。その確立に最も強い影響を与えたベネディクト・アンダーソンの『想像の共同体』では、〈国民社会〉の位相の成立が近

代の時代特性によって促されたものであることを，次のように表現している。

　　積極的な意味で，この新しい共同体の想像を可能にしたのは，生産システムと生産関係（資本主義），コミュニケーション技術（印刷・出版），そして人間の言語的多様性という宿命性のあいだの，なかば偶然の，しかし，爆発的な相互作用であった。(Anderson [1983] 2006：42-3 = 2007：82)

　近代的な各種資源の開発と関わりながら，歴史上新しく生成してきたのが国民という概念であるとするこの視点は，したがって国民の概念規定のなかに可塑性（周囲の環境によって現れ方を変化させること）を含めることになる。「国民社会」を近代以前にはありえない社会的共同体であると考えるならば，近代性が変化することによって国民形成の意味にも変化の可能性が見いだせることになる。
　アンダーソンの『想像の共同体』や，同様に近代主義的国民観の確立に影響を与えたエリック・ホブズボウムらの『創られた伝統』が初めて刊行されたのが1983年であった（Hobsbawm and Ranger eds. 1983 = 1992）。日本の社会科学においてもこうした「国民社会」の理解は採用され，以後1980年代後半から1990年代にかけてナショナリズム論における中核的なアプローチ方法として定着していく。こうした発想自体が，地球上のヒトとモノ，資本と情報の流動性の高まりと同調して浸透していることには，注目する必要がある。ここまで見てきたように，1970年代以降の教育的知識に〈国民社会〉の位相を相対化する傾向が生じたことや，1980年代以降の学校教育の場に公教育を国民教育と自明視させない状況が生じたことは，それ自体が国民観の本質主義から近代主義への転換を促す動きであったともいえるからである。
　しかしながら，ましこ・ひでのりが指摘するように，この近代主義的国民観が人々の日常的感覚から遊離した，知識人の操作的な言説にのみ現れて出てくるということも，もう一方の事実である（ましこ 2003：18-26）。「国際化」「グローバル化」といった言葉で修飾される時代をすでに生きているわたしたちは，

現実的には「国民」の意味内容や〈国民社会〉の重要性が変化するものであることを経験している。それでいて日常的感覚では、〈日本のあけぼの〉以来永続的してきた〈日本と日本人〉についての共通感覚をもち合わせているのももう一面の真理であると思われる。前節の末尾で、日本の教育を制度的に支えているのが現在ある日本という国家であり、それゆえに歴史叙述のための国民史の枠組みは容易には放棄されないことを指摘したが、〈国民社会〉に関する理解の多様化がありつつも国民という観念が同時に採用されつづけている社会認識の構造には、こうした学校教育のあり方との親和性を指摘することもできるのである。

第5節　「国民」とジェンダー

1　脱自然化とバッシング

　1980年代の社会変動がもたらしたのは、国民国家の絶対性の動揺だといえる。一国民一国家を原則として構成されるこの社会のあり方は、人々が「国民」の概念を均質的かつ絶対的な帰属対象とみなし、またその上位に具体的な帰属対象としての人間集団カテゴリを認めないことで成り立っていた。しかし人々の社会的諸活動の範囲が帰属する国民国家の外側に及ぶようになり、また〈国民社会〉の内部にも多様な背景をもった人間が存在することが明らかにされると、国民国家の唯一性は相対化されることになる。1980年代後半の社会主義および共産主義国家の没落とも相まって、この認識は広く浸透した。

　そして、同時期に国民概念の重要性の変化と併行したのが、ジェンダーのあり方を問い直す議論や研究であった。性別をジェンダーとして捉える観点から、「男」や「女」のあり方を構成してきた社会的・文化的な力が言及されるようになったのである。すなわち、従来国家や市場といった「公領域」は男性が活動する場として特徴づけられる社会空間であったために、翻って「男らしくあること」とはそのような公の空間で十分に立ち回れることを意味した。対して「私領域」には労働力の再生産や非労働力人口の収容が期待され、「女らしくあ

ること」と結びつけられていた（上野 1990）。公と私を根拠に区分された賃労働と家事労働は，そのまま男女間の性分業（sex division of labor）として構造化され，そのように構成された「国民」によって運営されるのが国民国家という社会形態だったのである。しかし1980年代の社会は，女性が賃労働に従事することを認め，むしろそれを必要とすると同時に，家族が公的世界からの「聖なる保護区」としては機能しなくなった様相を提示することにもなった。産業主義が国民国家ないし国民経済の枠内にとどまらなくなったことで，性分業を前提とした「国民」の姿もまた，必ずしも自然なものではなくなった（上野 1998：24-25）。

　学校教育は，しばしば，男女を平等に扱おうとしつつも区別して扱い，結果的に男性と女性の二項図式を再生産する機関であると指摘されてきたが，ここにおいても1980年代から変化が生じたといえる。最も具体的であるのが家庭科の教育課程である。中学校において，男子生徒向けの「技術」と女子生徒向けの「家庭」から成り立っていた「技術・家庭科」は，1977（昭和52）年の学習指導要領の改訂を受けて1981年度から履修内容の男女相互乗り入れを実施するようになり，1989（平成元）年の改訂では性別による履修の区別が解消された。高等学校においても，女子のみに必修とされていた「家庭科」が1989年の学習指導要領改訂により男女とも必修となった。また顕示的カリキュラムのみならず，学校で用いられる児童・生徒名簿の男女別・男子優先の原則に代表される隠れたカリキュラムについての認知が高められ，男女混合名簿といった取り組みが推進されるようにもなった。さらに教育学の諸分野でも，ジェンダーカテゴリに沿って構造化された学校教育のなかの生徒文化や科目履修行動，高等教育にいたるまでの就学経路を，対象化する研究が行われるようになった（木村 1999）。

　社会化の行き先としての社会空間が変化するにつれて，社会化機関としての学校教育に期待される役割が変化せざるを得なくなることが，ここでも跡づけられる。人間は社会生活を営むうえでジェンダーカテゴリを確かに利用するが，次世代に伝達される価値と規範のうちどの部分について，そのカテゴリに沿っ

た区分がなされる必要があるのかが吟味される社会状況となった。

　ジェンダーに基づく社会化のバイアス（偏り）を意識化する取り組みは，1990年代にジェンダーフリー教育という名称で継続された。しかし1999（平成11）年に男女共同参画社会基本法が制定され，それに基づく施策が地方議会において審議される段階になると，性分業の「自明性」を重視する立場からの批判が生じるようになった。ジェンダーフリー教育を「性差自体を否定する教育」と半ば意図的に単純化したうえで批判する論法は，国民国家に超越性を認めようとする意識によく働きかける効果をもった。その一連のバッシングにおいては，男女平等に関わる教育実践や性教育，さらにはジェンダーという言葉自体が拡大された批判の対象とされ（木村編 2005），その意味では教育内容と社会状況の相互反映性，および両者の相補的な変動については十分な理解が行われていなかったといえる。

　少子化対策や雇用対策が行われるなかで，2000年代の日本における男女共同参画社会に向けての取り組みは，課題としての緊急性をもつものであったが，そこには，旧来のジェンダー間関係を再強化する思想，ジェンダーカテゴリの内容の吟味を行おうとする思想，そしてジェンダーカテゴリの改廃までを想定した思想が同時に流れこみ，各種の条文の具体化に際してせめぎ合う状況となった。国民概念や〈国民社会〉に関する理解の多様化が進みつつある一方で，旧来のカテゴリが採用されつづけるという社会認識の構造は，この件に関しても表現されていることになる。

2　アメリカにおける女性解放とバックラッシュ

　〈国民社会〉の変容とジェンダー間関係の問い直し，そしてバッシングという一連の出来事は，先進社会に共通してみられる現象でもある。ここでは，試みにアメリカ合衆国の場合を通覧し，最終的にこうした出来事をどのように教育的知識として昇華しているのかを把握してみたい。

　アメリカ社会の場合，それは日本に20年ほど先行して進行した。第二次世界大戦における総力戦体制は女性を家庭から労働の場に引き出し，1950年代

にも女性が有償の労働者となる道を残した。妻として母としての役割を女性に期待する社会的・文化的な力は相変わらず強く存在したが，1960年代に女性運動の第二の波が沸き立つと，以降 1970 年代までに女性解放が一定程度社会に浸透することとなった。

1963 年に刊行されたベティ・フリーダンの『新しい女性の創造』は，私領域に追い込まれた女性に共有される満たされなさの感覚を表現し，「女らしさ」という神秘性のもとに女性の社会化の経路が限定されていることを問題視した (Friedan 1963=1965)。1966 年にフリーダンを含む 28 名の女性集団が全米女性機構 (NOW) を発足させると，女性解放運動は急速に組織化されることとなった。この団体は，社会のメインストリームへの女性の完全なる参加を目的としており，労働対価の公正な支払いと均等な就業機会を要請し，またメディアにおける女性イメージの誤謬を非難する活動を行った。託児所の開設や妊娠中絶の承認を社会に要請することもまた具体的な活動となった。そして，こうした社会変革の鍵として教育の完全な男女平等を掲げたことで，以降のアメリカ社会のあり方に対する強い影響力を残すこととなった。1950 年代以降の公民権運動の高まりのなかで，人種およびエスニシティに関する面での学校教育の制度的・内容的改革が開始されていたが，これにジェンダーや障害，階級に関する面での差異と多様性の意識化が加わることによって，多文化教育の理論と実践が体系化されていったからである。多文化主義は，さまざまな差異が社会のなかに存在することを承認し，かつ差異に基づく社会的不平等を是正していく思想として浸透した。

しかしながら，社会が一枚岩として存在しているわけではないとする理解は，次なる反論を導くことになった。すなわち，社会の「全体」と「部分」の関係はどのような論理で説明できるのかという問題である。多文化主義の浸透によって，例えば黒人や女性や障害者といった，それまで社会のなかで周辺に位置づけられていた存在に力が与えられるようになった。マイノリティの属性をもつ人々が，社会のなかで十全に権利を行使しつつ生活できることがめざされた。だがそれは，まずは黒人の集団，女性の集団，障害者の集団といった，「集団」

が声をあげることによって可能になるのであり，その意味ではアメリカという「全体社会」のなかの「部分社会」がクローズアップされたことになる。このような多元主義的現実は，しかし全体社会のまとまりを第一に考える人たちからは，分離主義に基づくものとして受け取られることになった。

　1980年代からは以上の論点が社会的な関心を呼び，それは「アメリカ文化とは何か」という問いのかたちに集約された。なかでも保守的な政治思想をもつ人々からの批判は，1960年代以降に女性が獲得した社会や家庭での新たな役割に関しても及んでおり，ジェンダー間の平等という理念に対して，従来の「国民」の「自然」なあり方の復権を求めるようになった。また，例えばアファーマティブアクション（積極的差別是正措置）のもとで，就業や大学入学の機会に女性が優先されることも，反面からみれば新たな割当制度と捉えられ，機会の自由と平等を重視するアメリカの理念に反するとされた。こうした論調は単なるバッシング（批判）というよりも政治的・社会的な意識の揺り戻しであり，バックラッシュ（反動）と呼ばれた（Faludi 1991＝1994）。1990年代にかけて白熱したこのような対立や論争は，社会のさまざまな側面で「文化戦争（Culture War）」と呼ばれる状況をもたらし，人々の世界観や価値観に直接的に関わる営みとされる学校教育は，いうまでもなくこの文化戦争の舞台の一つとなった。ジェンダーカテゴリに沿った価値と規範を設けるか否か，またなんらかのかたちでそのようなものを設定するとしたらどのような内容が適切なのか，といった議論が行われることになったのである。

3　アメリカの歴史教科書に描かれる女性解放

　「国民」や〈国民社会〉に関する理解の多様化が進みつつも，それを従来型の社会認識の構造で整理しようとする動きは，アメリカ社会でも経験されていたことであった。その際，学校教育は行政機構の一端に位置づけられる側面もあり，極言すれば統治の機能を帯びるものであるために，政治の力に左右されることにもなる。おりしも1980年にはアメリカ教育省が設立され，その使命として，教育に対する連邦レベルでの補助金政策を実施することが唱えられた。

翌年には共和党のロナルド・レーガンが大統領に就任し，国家的な教育政策の実施に力が入れられていく。国民国家を超越的な社会のあり方とする想定のもとに，制度は整備されていたといえる。

　しかし学校教育は，社会のなかで流通する価値を選別し，伝達する機能を果たすものでもある。アメリカ社会の動きをみるときにとくに興味深いのは，1960年代以降，学校で用いられる教科書が多文化社会の成り立ちと価値観の相対性を次世代に伝えるメディアとして有効に機能してきたという点である。とりわけ歴史教科書に掲載される教育的知識は，過去に対する「崇拝的態度」よりは「批判的態度」によって，社会の「階層性を擁護する態度」よりは「平等性を擁護する態度」によって，再編されるようになっていた（岡本 2008a：48-67）。したがって，社会的価値の変革に対するバックラッシュが生成する状況においても，教育的知識における価値の伝達のされ方には独特の様式がとられる。すなわち，ある特定の価値を不変のものとして提示するのではなく，諸々の価値の間に葛藤があり，そのような葛藤が問題となる社会に現在の自分たちが生きているとする叙述のスタイルである。

　以下に抜粋するのは高校上級から大学教養課程向けの歴史教科書で，全米での採択率の上位4点に常に入る *A People and a Nation: A History of the United States* である。歴史学者メアリ・ベス・ノートンを中心としたチームで作成されたこの教科書は，相対的には国家主義的傾向が強いと指摘されることもあるが，単純に保守主義的な観点からの歴史叙述を行うのではない。1982年刊行の初版では，すでに以下のような記述を通して女性運動をめぐる社会的価値の葛藤の存在を提示していた。

> アンチフェミニスト運動
> 　それでもやはり，女性は平等を求めるに際して諸々の障害に直面した。最も厄介なものの一つがアンチフェミニスト運動，すなわち家族主義支持派の運動であった。彼らはとりわけ家族の内部において，男性が導き女性が従うべきだと強く主張していた。アンチフェミニズムは1970年代に次第に強力な政治勢力になっていった。家族――とりわけ家父長制的な，すなわち父親主導の家族――を擁護するに当たって，アンチフェミニストたちは，男女平等憲法修正条項（ERA），同性愛者の人権運動，

> 無条件妊娠中絶権に反対するキャンペーンを行った。アニタ・ブライアントやフィリス・シャラフリーのような多くの者が，これらすべての問題は互いに関連しており，それらが伝統的なアメリカの諸価値を危うくしているのだと主張することによって，名声を博した。(Norton et al. 1982：968)

　ここで，この教科書が意図しているのは，「女性」という社会的カテゴリに付与される意味が変化しており，それをめぐって議論が生じていること自体を提示することである。対立する主張・思想のどちらに正当性があるのかを示すのではなく，まして，ある主張・思想に則った歴史像を再構成するのでもなく，葛藤の存在とその焦点たる社会的カテゴリについての情報の伝達こそが行われている。

　この教科書では，以降の版においても女性解放に関して同様の記述が継続される。そして2008年に刊行された第8版では，価値どうしの正統性が争われた文化戦争を歴史叙述の対象とし，社会的葛藤のありようそのものをさらに詳細に伝達することとなった。

> 「文化戦争」
> 　新右翼はしばしばレーガン大統領のホワイトハウスに同調者を見出したが，他の多くのアメリカ人たちは，不寛容の教義を説いていると彼らが考える運動，また基本的自由——新右翼の保守的なキリスト教とは沿わない信念をもつ人びとの，信仰の自由も含む——を脅かしていると彼らが判断する運動に対して，強く反対した。1982年には，政治的進歩主義にたつテレビプロデューサーであるノーマン・リア，有力な元下院議員バーバラ・ジョーダン，そしてビジネス，宗教，政治，興行の世界の著名な人物たちが，アメリカの市民的権利と自由，教会と国家の分離，寛容と多様性についての価値観を擁護するために，団体〈People for the American Way〉を設立した。国民の未来をめぐる宗教右派とその反対者の間の闘争は，「文化戦争」として知られるようになった。
> 　しかし宗教右派が掲げる議題に反対したのは，組織化された集団ばかりではなかった。キリスト教原理主義者たちの信条の多くは，ほとんどのアメリカ人たちの生き方，とりわけ女性の役割に関して，背反するものであった。女性運動は，公民権運動と同様に，アメリカ社会に重大な変革をもたらした。1980年代までに，一世代の少女たちが，自らの母親たちが決して持ち得なかった自由と機会を期待し求めながら成人に達した。1964年の公民権法の制定や1972年のタイトルⅨ［教育の機会均等法］の制定は，女子生徒および女性に学業とスポーツ双方のカリキュラム

を開放した。1960年には合衆国における弁護士の男女比は38対1であったが，1983年にはその割合は5.5対1となった。1985年までには，3歳以下の子どもをもつ既婚女性の過半数が家を離れて仕事をするようになった——その多くは経済的な理由からだが。女性の場所は家庭にあり夫につき従うものだとする宗教右派の主張は，アメリカ社会における性的平等に向けた進歩に矛盾するだけでなく，多くの女性たちの生活の現実にも相反した。(Norton et al. 2008：937)

特定の価値の擁護や，特定の価値に基づいた歴史像の再構築をするのではなく，価値が争われる点を提示することで，あるカテゴリに付与された社会的意味を吟味させる語り口がここにはあるといえる。例えば，「女性」というカテゴリに付与された社会的意味自体が問い直されていることが伝達されれば，ではどのような意味内容が適切であるのか，あるいはカテゴリが維持されることにはどのような理由が存在しているのかを考えることができる。この種の語り口は，「国民」や「女性」という概念を用いつつも，そうしたカテゴリに付与される意味が「自然」ではなくなった状況を理解させ，かつその概念の内実を再検討させる視点を与えている点で示唆に富んでおり，社会的な葛藤のなかにある事象を伝達するための有効な形式になっているといえる。

第6節　〈国民社会〉相対化以降の教えと学び

1　現代社会の広がり・重なりのなかの〈国民社会〉

第3節から第5節にかけて，1980年代以降の社会変動に着目しながら，社会化機関としての学校教育の具体的な変化をみてきた。第3節では，日本国民の社会的諸活動が国境を越えて展開するのにともない，自国民を中心とした歴史認識を無批判に擁護することが歴史教科書において困難になったことをみた。第4節では，社会の内なる国際化が学校教育における文化的に均質な児童・生徒という想定を揺るがしたことを確認した。そして，国民という概念が超越性を失うのと連動して，従来の国民のあり方を内容的に支えていたジェンダーについての観念も変化したことをみたのが，第5節であった。ここまでの議論によって，〈国民社会〉の外部に広がる〈世界社会〉や〈産業社会〉の位相が重

い現実となったとき，その位相への社会化に必要な情報が教育的知識に要請されていくことが確認できたことになる。学校教育は社会の存続に必要とされる価値や規範を次世代に伝えることをその機能の一つとするため，人間社会の拡大と重層化が進めば，学校で扱われる価値体系も多重性を帯びることになるのである。ことに第二次世界大戦後の日本の場合は，〈国民社会〉の位相の再建やその後の〈世界社会〉の位相への接続までが短期間に整備されていったために，教育的知識をめぐる社会的議論はしばしば過剰に過熱することとなったといえる。

　他方，学校教育の管理運営は国家の専権事項とされる側面も強いため，教育的知識を支える社会認識の構造を国民国家の枠組みと一致させようとする機制が強く作用してもいる。第3節では，〈国民社会〉の外部にある価値を採用しようとする歴史教科書が，なお国民史（ナショナルヒストリー）の枠組みを採用しつづける点を指摘した。第4節でふれた日本の法体系における教育を受ける権利についての規定を「日本国民」のみを対象としたものとする解釈，また第5節で言及した旧来のジェンダー間関係を再強化する思想の存在なども，そのような機制の具体的な表れである。

　もちろん，国民国家という社会の形態にあえて超越性を認めて教育的知識が用意されることは，〈国民社会〉の位相についての学びを保障する点においては効果が大きい。しかし複数の社会の位相のなかでは〈国民社会〉もワン・オブ・ゼムでしかなく，国民国家の枠組みによって最終的に規制される教育では，人間社会の広がりと重なりからの要請にときに応えられないことにもなる。例えば，ヨーロッパ圏では歴史教育が採用する〈国ごとの歴史〉という認識枠が問題視され，歴史の語り口の変革が新しい社会空間（すなわち欧州連合）の創出と相補的に進行したことを視野に入れると（近藤 1998：42-43；198-212），国民史の枠組みが自明視される日米の社会では，歴史教育それ自体が国民国家間での，あるいは異なる位相の社会の間での，人々の認識の葛藤を導くことになっていると気づくことができる（岡本 2008b）。〈国民社会〉の外部への社会化の経路は，しばしば「ローカル／ナショナル／グローバル」といった言い回しで

表現される,部分社会から全体社会にわたる人間の共同性の複数の位相を捉える視座を用意することにあり,またその位相の複数に属する者として個々の人間を捉えることにあるといえよう。

2　コスモポリタニズム

こうした,日常生活のなかに位相の異なる共同体への複数の帰属意識や責任意識を同時に並存させ,それらの複合のなかから諸個人のアイデンティティが形成されることを期待する発想は,ある種のコスモポリタニズム(世界市民主義)である。

広辞苑によれば,コスモポリタニズムは「国家や民族を超越して,全人類を同胞と見なし,世界市民としての個人によって世界社会を実現しようとする思想」と定義づけられる。自分がより広い世界に帰属していることを積極的に自覚し,人類が全体として共有している危機や可能性,お互いの責任についての意識をもつ状態のことである。世界に「他者」を想定しない認識のあり方こそが,コスモポリタニズムの第一の特徴だということができる。

しかしながら,コスモポリタニズムはそのように想定されるグローバル化した世界のみを,至高の人間社会として絶対視するばかりのものでもない。第2節で確認したように,一人の人間が帰属する社会の位相は複数存在するものである。したがってコスモポリタニズムは,国家や民族を越えた普遍的世界への志向性であるとともに,より身近な位相の世界をも重視したうえで,重層的に存在する大小の世界の相互を行き来することへの志向性だということにもなる。そのことを,イギリスの社会学者ジョン・トムリンソンは次のように表現している。

　　必要な特徴の第二は,それ[「遠隔化されたアイデンティティ」]とほとんど正反対の意識,つまり,多くの文化的他者から成り立つものとして世界を捉えようとする意識である。私が言いたいのは,コスモポリタンになるためには,正当な文化の多元主義を理解し,文化的差異を広く受け入れる態度を

身につける必要があるということだ。そしてこの意識は、再帰的なものでなければならない。すなわち、人々に自分たち自身の文化の前提や神話などを率直に疑ってかからせるようなものでなければならない。(そうしないと、我々はそれらを「普遍的」なものと見なしがちになってしまう。)したがって、重要なのは、この気質の二つの側面は、対照的・対立的なものではなく、互いに和らげ合うもの、そして我々自身の内部で行われ、同時に遠方の文化的他者とのあいだでも行われている対話へと我々の気持ちを向けさせるようなものとして見るべきだということである。(Tomlinson 1999：194-195＝2000：335-336)

　ここで重要であるのは、コスモポリタニズムという発想は必ずしも国家やナショナリズムといった位相の共同性の観念を否定するものではない点である。日本に住む人間が日本国民であると同時にある都道府県の住民であり、またある地域社会の構成員であるのと同じように、〈世界社会〉や〈産業社会〉の一員であることは〈国民社会〉の一員であることと重なりあう。〈国民社会〉には、たしかに、その社会で生きていくのに必要な価値と規範があり、また国民国家にはその内部において社会的資源を再分配する機能はある（苅谷 2009）。コスモポリタニズムが強調するのは、そうした情報や機能が作用する位相の社会とそうではない位相の社会とを切り分けて考え、かつ両者を受け入れることの重要性である。それは、人間にとっての社会化の行き先の複数性を確保するうえでの効果に帰結するものである。
　また、こうした観点からのコスモポリタニズムと国家の関係性の整理について、例えばドイツの社会学者ウルリヒ・ベックは次のような表現を与えている。

　　グローバル時代の国家の政治か、市民社会の政治かという誤った二者択一の議論を避けるために、重要なのは国家なのか国民国家なのかということを明確に区別する必要がある。国家は、もはや国際システムの唯一の行為主体でなく、他の諸主体の中の一つの行為主体である。したがって、国民国家の

固定化をやめるのが正しいからといって，国民国家に固定した視点への批判によって，グローバル時代における国家の行為の可能性と転換の可能性も見失ってしまうと，貴重なものを一緒に失ってしまうことになるだろう。メタ権力ゲームとは，国家が偶発的で，政治的に変更可能なものだと考察され，研究され，そのようなものとして取り扱われなければならないことを意味している。ここで立てられる問いは，「国家のトランスナショナル化はいかにして可能か」ということである。(Beck 2002：31＝2008：22。傍点は原文による)

　ここでベックが述べるのは，市民社会の成熟が必ずしも国家の否定や棄却に向かう必要はないということである。「国民」と「国家」の両概念のうち批判されなければならないのは，共同性の概念としてはもはや限定的でさえある「国民」であり，それは政治制度としての「国家」の理念・理論・制度の重要性と切り分けて考えることができる。「国家」が統治の主体となるのは人間社会の一位相でしかないが，換言すれば，その位相での機能を重視することはできる。「国民」の概念を更新しつつ，ある社会の位相では「国家」が機能する状態―すなわち「市民社会と国家との共生」(die Symbiose von Zivilgesellschaft und Staat)―を，ベックは「コスモポリタン的国家」と呼び，「グローバル市民社会の安定化，つまり世界規模で移動する資本にとっても民主主義の革新にとっても鍵となる問題は，いかにしてナショナルな狭隘さから国家の理念と理論と制度を解放し，コスモポリタン時代のために切り拓くことができるかということである」(Beck 2002：30＝2008：21) と指摘する。

　ベックは，1980年代から「リスク社会論」を提唱し，20世紀後半以降を生きる人間がまさに経験している近代性にこそ，現代の社会問題・社会病理の原因が内在していることを論証してきた (Beck 1986：254＝1998：317)。その際，伝統や天然自然がもたらす害悪のことを「危険」(Gefahr; danger)，近代が生み出したものによって生じている害悪のことを「リスク」(Risiko; risk) と称し，「危険」を克服するために科学技術が生み出した近代的人間生活の枠組みもまた，現代においては「リスク」の温床になりうるとした。「コスモポリタン的国家」

は，近代の学たる社会科学が生み出してきた概念である「国民」の「狭隘さ」というリスクの克服のために提示されているといえる（Beck 2002：50-54；84-94＝2008：39-41；64-71）。

3　教育的知識の成り立ちを対象化する

　以上をふまえて考えると，学校教育が〈国民社会〉とは異なる位相への社会化の機能を果たすためには，論理的には二つの方向での教育的知識の整備が可能である。

　第一の方向性として，国民国家という社会の形態に由来する機制から自由になることを考えるならば，「国民」や「国家」に依拠しない社会認識に支えられた研究の蓄積と，その成果を伝達する教育素材や教育実践が必要となる。「エスニシティ」などの「ローカル」な人間のありよう，あるいは「ユニバーサリティ」や「グローバル」な人間の活動が，伝達されるべき情報となる。世界を「他者のない」ものとして捉える鋭い認識を涵養するためには，この方向での思考が継続される必要があるだろう。

　試みに，2009（平成21）年告示の『高等学校学習指導要領』を開けば，世界史Aの内容に「地球社会と日本：地球規模で一体化した構造をもつ現代世界の特質と展開過程を理解させ，人類の課題について歴史的観点から考察させる」という文言があることに気づくことができる。また世界史Bの内容には，「地球世界の到来：科学技術の発達や生産力の著しい発展を背景に，世界は地球規模で一体化し，二度の世界大戦や冷戦を経て相互依存を一層強めたことを理解させる。また，今日の人類が直面する課題を歴史的観点から考察させ，21世紀の世界について展望させる」とあり，内容の取扱いとして「近現代史の指導に当たっては，次の事項に配慮するものとする。［略］各国史別の扱いにならないよう，広い視野から世界の動きをとらえさせるようにすること」とあることがわかる。こうした事項は，国家・国民単位の社会認識から自由な人間社会の像を提示する際のリソースとなりうる。

　第二の方向性として，教育的知識が整備される際に採用されるナショナルな

枠組みの存在を徹底的に意識化することによって，近代以降の人間にとっての〈国民社会〉の自明性自体を，認識の対象とすることも可能である。そうした高次からの認識を提示するための方策として，①近代以降の社会科学の歴史，あるいは学校教育の歴史を，国民国家の歴史を提示する際の軸の一つとし，〈ナショナルな枠組みに依拠して教育がなされること〉の歴史性を対象化することが考えられる。また，②教科書という教育メディアの成立事情や教科書検定などの存在や機能など，学校教育を成り立たせる社会制度の存在に言及することで，教育的知識の成り立ちを対象化することが考えられる。

再び学習指導要領における世界史Bをみると，その内容には「諸地域世界の結合と変容。［略］産業社会と国民国家の形成：産業革命，フランス革命，アメリカ諸国の独立など，18世紀後半から19世紀までのヨーロッパ・アメリカの経済的，政治的変革を扱い，産業社会と国民国家の形成を理解させる」とあることに注意を払うことができる。この文言に沿えば，「産業革命，フランス革命，アメリカ諸国の独立」の学習にはそれ自体の意義とともに，それらが「産業社会と国民国家」という新たな社会の位相を初めて成立させたものであることを理解するという意義も含まれることになる。

同様に，〈ナショナルな枠組みに依拠して教育がなされること〉の歴史性を対象化することもまた，世界史Aの内容(3)に掲げられる事項「急変する人類社会：科学技術の発達，企業や国家の巨大化，公教育の普及と国民統合，国際的な移民の増加，マスメディアの発達，社会の大衆化と政治や文化の変容などを理解させ，19世紀後期から20世紀前半までの社会の変化について，人類史的視野から考察させる」に対応する学習内容として，取り扱うことが可能である。

ベネディクト・アンダーソンは，「想像の共同体」の存続に教育制度が寄与する様を次のように表現している。

巨大な教育産業は若きアメリカ人たちに1861–65年の戦争は「兄弟たち」のあいだの大規模な「市民」戦争であって，実は短期間，現実にそうであっ

たように，それぞれに主権をもつふたつの国民国家のあいだの戦争ではなかった，と不断に記憶／忘却させようとしている。(Anderson [1983] 2006：201 = 2007：328-329)

　社会科学教育としての必要性から考えれば，国民国家についてのこうした近代主義的・道具主義的な理解が促されることは，学校教育を通した「国民形成」の最終段階での不可避の課題となるだろう。教育的知識を得る際に，教科書が依拠するナショナルな枠組みの存在や，その枠組みで得られた像の性質を理解することには，「国民形成」に関するリテラシーの獲得として重要性を指摘することができる。後期中等教育段階にも教科書検定制度があり学習指導要領がゆるぎなく存在している日本においては，その事実自体を伝達対象とすることによって，教育的知識の社会的構成の実際を提示することができるかもしれない。
　2009（平成21）年に告示された『高等学校学習指導要領』に基づく新たな世界史教科書は，2011年度に教科書検定を受け，2012年度の見本本の展示と採択の作業を経て，2013年度から使用されることになる。それらの教科書では，「地球社会」「地球世界」という表現が頻繁に登場し，16世紀以降の「世界の一体化」を描き出そうとしている。まさしくグローバルな位相の人間社会を実体として表現しはじめたのである。またその際，現代を生きる人間が採用しているものの見方自体が歴史の流れのなかで生み出されたものであること，とりわけ国家や社会を見る視座や視角が近代という時代の産物であることが，強調されるようにもなっている。
　本章でもたびたび引用してきた山川出版社の『詳説世界史』では，2013年度用の新版において，16世紀から19世紀にかけての時代が第Ⅲ部としてくくられ，「世界の一体化」を表現するパートとなった。その第Ⅲ部の「まとめ」の節は，以下のように始められる。

> 　第Ⅲ部では，16世紀前後から19世紀の「近世」および「近代」と呼ばれる時代について学んだ。「現代」を扱うつぎの第Ⅳ部でみるように，19世紀末以後，科学

第5章　教育的知識の変遷と〈国民社会〉の位置　　**163**

> 技術の発達にともない，世界の人々の生活は大きく変容していくが，今日の世界における諸国家間の経済的・政治的力関係，国家や社会の制度などがどのように成立してきたのかを考えてみるとき，その基本的なしくみは，「近世」「近代」の時代につくりあげられたものであることがわかる。つまり，国家や社会に対する私たちの常識の多くの部分は，「近世」「近代」の歴史のなかでうまれてきたものなのである。このことを念頭におきながら，第Ⅲ部の内容のポイントを振り返ってみよう。（木村ほか 2012：302）

　この文章には，人間が社会を捉える際に採用する諸々の観念とその来歴を，教育的知識として取り上げるようにするための手がかりが込められているといえよう。こうした観点と具体的な情報がいかに活用され，人間が帰属する社会の複数性の伝達に結びつけられるかが，〈国民社会〉相対化以降の教えと学びには問われているといえる。　　　　　　　　　　　　　　　【岡本　智周】

注
（1）　変遷をたどるにあたって，第1節・第3節では岡本（2001）で取り上げた事象の一部を含めて話を進める。個々の出来事の背景や意味をより詳細に把握するためには，そちらも参照のこと。

引用・参照文献

Anderson, Benedict（[1983] 2006）*Imagined Communities: Reflections on the Origin and Spread of Nationalism*, Revised Ed., London: Verso.（白石隆・白石さや訳（2007）『定本 想像の共同体―ナショナリズムの起源と流行』書籍工房早山）

Beck, Ulrich（1986）*Risikogesellschaft: Auf dem Weg in eine andere Moderne*, Frankfurt am Main: Suhrkamp Verlag.（東廉・伊藤美登里訳（1998）『危険社会―新しい近代への道』法政大学出版局）

――（2002）*Macht und Gegenmacht im globalen Zeitalter: Neue weltpolitische Oekonomie*, Frankfurt am Main: Suhrkamp Verlag.（島村賢一訳（2008）『ナショナリズムの超克―グローバル時代の世界政治経済学』NTT出版）

Durkheim, Émile（[1897] 1960）*Le suicide: étude de sociologie*, Nouv. éd., Paris: Presses universitaires de France.（宮島喬訳（1985）『自殺論』中央公論社）

――（1922）*Éducation et sociologie*, Paris: Félix Alcan.（佐々木交賢訳（1976）『教育と社会学』誠信書房）

――（1938）*L'évolution pédagogique en France*, Paris: Félix Alcan.（小関藤一郎訳（1981）『フランス教育思想史』行路社）

江上波夫・山本達郎・林健太郎・成瀬治（1994）『詳説世界史』山川出版社
Faludi, Susan（1991）*Backlash: The Undeclared War against American Women*.（伊藤由紀子・加藤真樹子訳（1994）『バックラッシュ－逆襲される女たち』新潮社）
Friedan, Betty（1963）*The Feminine Mystique*.（三浦冨美子訳（1965）『増補　新しい女性の創造』大和書房）
藤田英典（1993）「学校文化への接近」木原孝博・武藤孝典・熊谷一乗・藤田英典編『学校文化の社会学』福村出版，10-35頁
Hobsbawm, Eric J., and Terence Ranger eds.（1983）*The Invention of Tradition*, Cambridge: Cambridge University Press.（前川啓治・梶原景昭訳（1992）『創られた伝統』紀伊国屋書店）
家永三郎（[1956] 1974）『検定不合格日本史』三一書房
石田雄（1995）『社会科学再考』東京大学出版会
海後宗臣・仲新・寺﨑昌男（1999）『教科書でみる近代日本の教育』東京書籍
苅谷剛彦（2009）『教育と平等－大衆教育社会はいかに生成したか』中央公論新社
片岡徳雄編（1987）『教科書の社会学的研究』福村出版
木村涼子（1999）『学校文化とジェンダー』勁草書房
木村涼子編（2005）『ジェンダー・フリー・トラブル－バッシング現象を検証する』現代書館
木村靖二・佐藤次高・岸本美緒（2012）『詳説世界史』（2013年度用見本版）山川出版社
近藤孝弘（1998）『国際歴史教科書対話－ヨーロッパにおける「過去」の再編』中央公論社
教育問題調査会編（1966）『後期中等教育最終答申の解説』明治図書出版
李成市（1996）「近代国家の形成と「日本史」に関する覚え書き」『現代思想』24(9)：162-169頁
ましこ・ひでのり（2003）『イデオロギーとしての「日本」－「国語」「日本史」の知識社会学』（増補新版）三元社
McNeill, William（[1967] 1999）*A World History*, 4th Ed., NY: Oxford University Press.（増田義郎・佐々木昭夫訳（2008）『世界史　上・下』中央公論新社）
宮島喬・太田晴雄（2005）『外国人の子どもと日本の教育－不就学問題と多文化共生の課題』東京大学出版会
文部科学省（2009）「日本語指導が必要な外国人児童生徒の受入れ状況に関する調査（平成20年度）」http://www.mext.go.jp/b_menu/houdou/21/07/1279262.htm（2012.5.18. 参照）
――（2011）「日本語指導が必要な外国人児童生徒の受入れ状況等に関する調査（平成22年度）」http://www.mext.go.jp/b_menu/houdou/23/08/1309275.htm（2012.5.18. 参照）
――（2012）『平成23年度　学校基本調査報告書』日経印刷
文部省（1972）『学制百年史』帝国地方行政学会
村川堅太郎・江上波夫（1951）『世界史』山川出版社
村川堅太郎・江上波夫・山本達郎・林健太郎（1956）『世界史』山川出版社

──(1964)『新編世界史』山川出版社
──(1973)『詳説世界史』新版,山川出版社
──(1983)『詳説世界史』改訂版,山川出版社
──(1989)『詳説世界史』再訂版,山川出版社
長尾彰夫(1994)「日本型ナショナル・カリキュラムの批判と分析－多様性と差異をめぐって」マイケル・W・アップル／ジェフ・ウィッティ／長尾彰夫『カリキュラム・ポリティクス－現代の教育改革とナショナル・カリキュラム』東信堂,113-164頁
日本民主党(1955)『うれうべき教科書の問題 一・二・三』日本民主党
Norton, Mary Beth, David M. Katzman, Paul D. Escott, Howard P. Chudacoff, Thomas G. Paterson, and William M. Tuttle, Jr. (1982) *A People and a Nation: A History of the United States, Volume II: Since 1865*, MA: Houghton Mifflin Company.
Norton, Mary Beth, Carol Sheriff, David M. Katzman, David W. Blight, Howard P. Chudacoff, Fredrik Logevall, and Beth Bailey (2008) *A People and a Nation: A History of the United States*, 8th Ed., MA: Houghton Mifflin Company.
岡本智周(2001)『国民史の変貌－日米歴史教科書とグローバル時代のナショナリズム』日本評論社
──(2008a)『歴史教科書にみるアメリカ－共生社会への道程』学文社
──(2008b)「歴史教科書におけるナショナルヒストリーの隘路と活路－日米の歴史教科書問題を事例として」『アメリカ史研究』31：38-55頁
大嶽秀夫(1996)『戦後日本のイデオロギー対立』三一書房
出版労協(1964)『第13次日教組・第10次日高教 教育研究集会報告書』日本出版労働組合協議会
──(1968)『第17次日教組・第14次日高教 教育研究全国集会報告書』日本出版労働組合協議会
──(1972)『教科書レポート No.16』日本出版労働組合協議会
出版労連(1977)『教科書レポート No.21』日本出版労働組合連合会
──(1979)『教科書レポート No.23』日本出版労働組合連合会
──(1980)『教科書レポート No.24』日本出版労働組合連合会
──(1982)『教科書レポート No.26』日本出版労働組合連合会
──(1983)『教科書レポート No.27』日本出版労働組合連合会
──(1984)『教科書レポート No.28』日本出版労働組合連合会
──(1987)『教科書レポート No.31』日本出版労働組合連合会
──(1989)『教科書レポート No.33』日本出版労働組合連合会
高嶋伸欣(1994)『教科書はこう書き直された！』講談社
田中統治(1992)「カリキュラムとイデオロギー」柴野昌山・菊池城司・竹内洋編『教育社会学』有斐閣,108-123頁

徳武敏夫(1995)『教科書の戦後史』新日本出版社
Tomlinson, John (1999) *Globalization and Culture*, IL: University of Chicago Press. (片岡信訳(2000)『グローバリゼーション-文化帝国主義を超えて』青土社)
上野千鶴子(1990)『家父長制と資本制』岩波書店
──(1998)『ナショナリズムとジェンダー』青土社
吉野耕作(1997)『文化ナショナリズムの社会学-現代日本のアイデンティティの行方』名古屋大学出版会

索　引

あ

アーレント，H.　3, 35, 42, 44, 88, 104, 109
アイデンティティ　9, 28, 29, 32, 33, 40, 94
『新しい女性の創造』　151
アノミー　125
アファーマティブアクション（積極的差別是正措置）　152
アンダーソン，B.　1, 32, 44, 47, 48, 54, 68, 74, 79, 146, 161
家永三郎　117
異文化　13
インナー・シティ問題　11
上野千鶴子　44, 92, 93, 95, 102-104, 106, 109
失われた10年　4
内なる国際化　141, 146
うれうべき教科書の問題　117
エクセレント　20

か

外国人　24, 28, 33, 44, 82, 87, 93, 101, 141
　──児童・生徒　143, 146
　日本語指導が必要な──　144
画一性　21
学習指導要領　118, 149, 160, 162
『学制百年史』　114
学歴　75, 79, 84, 89, 90, 93, 95, 96, 98, 109-111
隠れたカリキュラム　149
価値　13
学校化社会　64, 90, 92, 93, 95, 96, 103
学校教育法　86, 87, 102, 116
学校における優秀性（エクセレンス）　22
学校の文化　13
カラード　15
感情　13
期待される人間像　121
教育基本法　86, 87, 98, 99, 102, 112, 113, 145
教育的知識　114, 118, 128, 131, 140, 150, 153, 156, 160
教育ニ関スル勅語（教育勅語）　76, 77, 79, 80, 112
教育の自由化　19
教科書　57, 76
　──検定　116, 120, 132, 135, 137, 161, 162
　──無償制度　118
教科用図書検定基準　118, 136
教科　10
教化　61, 62, 84, 111
教材　10
凝集性　126, 128
共通の枠組み　17
近隣諸国条項　136
グローバリズム　39, 40, 46, 98, 112
グローバリゼーション（グローバル化）　3, 24, 25, 37-41, 44-46, 93, 94, 99, 101, 102, 112, 130, 147, 157
経済　10, 82, 86, 89, 93, 94, 100
言語　9, 57, 78, 102
広域採択制度　118
公教育　107, 127, 145, 161
公立学校　12
効率性　22
効率第一主義　10
公領域　148
国際化　4, 130, 141, 147
国際人権規約　145
国民　24, 27, 30, 31, 33-36, 41, 42, 54, 57-59, 64, 67, 70, 72-78, 80, 82-94, 97-99, 103, 106, 107, 119, 134, 140, 145, 146, 148, 152, 155, 159, 160
　──学校　85-87, 107
　──教育　59, 88, 107
　──形成　73-77, 83, 84, 87, 88, 95, 97, 102, 116, 124, 130, 141, 145, 162
　──国家　3, 24, 26, 30, 33-37, 39, 41-43, 47, 53, 57, 58, 66, 70, 72, 73, 79, 93, 95, 99, 101, 107, 116, 122, 148, 153, 156, 158-161
　──社会　47, 118, 124, 128, 130, 131, 134, 136, 140, 146, 150, 155, 156, 158
　──史（ナショナルヒストリー）　48, 59, 65, 107, 140, 148, 156
個人化　93, 94, 125, 127
コスモポリタニズム（世界市場主義）　157, 158
コスモポリタン　38, 57
　──的国家　159
個性　83, 97, 98, 102, 110

167

国家　　27, 30, 33-37, 41, 47, 49, 50, 53, 54, 56-58, 60, 63, 64, 70, 72-76, 79, 81, 82, 84, 88, 89, 94, 99, 101, 107, 122, 140, 156, 157, 159, 160, 163
　　──意思　　3

さ

酒井直樹　　33, 43, 45, 54, 76, 82
産業革命　　30, 125, 161
産業社会　　128, 130, 155, 158, 161
産業主義　　125, 149
ジェンダー　　148, 151
　　──フリー教育　　150
私化　　127
自己実現　　3
市場経済　　19
児童の権利に関する条約　　145
市民革命　　30, 125
社会化　　126, 128, 149, 151, 158, 160
社会的カテゴリ　　154
社会的連帯　　127
自由化　　19, 97
宗教　　14, 51, 53, 73, 79
主権　　27, 31, 33, 34, 36, 38, 42, 55, 82, 122
出入国管理及び難民認定法　　141
植民地主義　　40, 41, 45, 57, 62, 72, 82, 94-95
私領域　　148, 151
新自由主義　　39, 93, 94, 96-100, 103, 110, 113
人種　　13, 95, 151
　　──差別　　11
新日本建設の教育方針　　115
墨塗り教科書　　115
スワン報告　　17
性分業　　149, 150
世界社会　　39, 128, 130, 134, 140, 156-158
1988年教育改革法　　19
全体社会　　24, 128, 130, 152, 157
選択　　21, 97, 103
　　──と多様性　　21
『想像の共同体』　　31, 44, 68, 74, 146

た

大学寮　　61
多元主義　　10, 152, 157
多文化　　10
　　──化　　141, 143
　　──教育　　151
　　──社会　　153
　　──主義　　151
多様性　　12, 103
男女共同参画社会基本法　　150
知識　　10, 100
通学区制　　19
デューイ, J.　　66, 91
デュルケム, E.　　125, 129
伝統と文化　　4, 99
天皇　　55, 69, 73-75, 78, 79, 82, 84, 89, 94, 112, 113
同化　　12, 76, 78, 87, 107
統合学校　　12
統合制　　22

な

内面化　　126, 134
ナショナリズム　　4, 25, 31, 32, 35, 40, 43-47, 55, 59, 68, 72, 83, 94, 98, 99, 110, 111, 147, 158
難民　　3, 24, 36, 43
西川長夫　　39, 40, 44
ニーズ　　21
日本教育史　　58, 59, 66, 68, 69
日本国憲法　　82, 145
ニューカマー　　93, 102, 141, 143
認知　　13

は

バイリンガル教育　　14
バックラッシュ　　152, 153
バッシング　　150, 152
平等性　　18
福沢諭吉　　71-74, 77-80, 93, 104, 112
不就学　　102, 144
部分社会　　128, 130, 152, 157
「ブラウン」世代　　16
プラスティック・ワード　　39, 46, 65
フリーダン, B.　　151
ブルーラリズム　　10, 17
文化　　9, 98, 126, 129, 157, 161
　　──戦争　　152, 154
　　──ナショナリズム　　134
分離学校　　12
ベック, U.　　25, 38, 39, 158
ポストモダン　　38, 67, 93, 100, 102, 108, 109
ポピュリズム　　22

ま

マイノリティ　11, 29, 43, 106
マクニール，W.　140
ミックスト・レイス　15
身分制　53, 62, 72-74
身分秩序　124
民営化　19, 96, 127
民族　9, 36, 82, 87, 95, 99
無国籍　24, 26-29, 31, 38, 41-43, 45, 82
明治維新　63, 64, 72, 76, 80, 83
文部省著作教科書　115

や

優秀性　19

吉野源三郎　80, 81, 83, 85, 86, 90, 91, 104, 112, 113

ら

リスク　38, 159
　──社会論　159
留学生10万人計画　141
臨時教育審議会（臨教審）　19, 96, 97
連合国軍最高司令官総司令部（GHQ）　114
錬成　84, 85, 88, 89, 107, 108, 111
労働市場　23

〔著者紹介〕

宮寺 晃夫（みやでら あきお）

筑波学院大学教授，筑波大学名誉教授
東京教育大学大学院教育学研究科博士課程単位取得満期退学　博士（教育学）
宮崎大学教授，筑波大学人間総合科学研究科教授を経て現職
主要著書・論文：
『現代イギリス教育哲学の展開——多元的社会への教育』勁草書房，1997 年
『リベラリズムの教育哲学——多様性と選択』勁草書房，2000 年
『教育の分配論——公正な能力開発とは何か』勁草書房，2006 年
『自由への問い 5　教育』岩波書店，2009 年（分担）
Fairness and a Sustainable Society－Why Do We Care for the Education of Future Generations? in: *Educational Studies in Japan: International Yearbook*, No.5, Japanese Educational Research Association, 2010
『再検討　教育機会の平等』岩波書店，2011 年（編著）
『新しい教育の方法と技術』ミネルヴァ書房，2012 年（共編著）
「「正義」と統合学校の正当化——個人化のもとで教育機会の実質的平等を確保する」『教育学研究』第 79 巻，第 2 号，2012 年

平田 諭治（ひらた ゆうじ）

筑波大学人間系（大学院人間総合科学研究科）准教授
広島大学大学院教育学研究科博士課程後期教育学専攻修了　博士（教育学）
日本学術振興会特別研究員，広島大学助手，鳴門教育大学助教授を経て現職
主要著書・論文：
『教育勅語国際関係史の研究－官定翻訳教育勅語を中心として－』風間書房，1997 年
「越境した不敬事件－外務省記録「福島県某小学校ニ於ケル御真影及教育勅語ニ対スル不敬事件ニ関スル件」（1920 年）をめぐって－」『日本の教育史学』第 48 集，2005 年
『教師をダメにするカウンセリング依存症』明治図書，2007 年（分担）
『共生と希望の教育学』筑波大学出版会，2011 年（分担）

岡本 智周（おかもと ともちか）

筑波大学人間系（大学院人間総合科学研究科）准教授
早稲田大学大学院文学研究科社会学専攻博士後期課程修了　博士（文学）
早稲田大学助手，日本学術振興会特別研究員を経て現職
主要著書・論文：
『国民史の変貌——日米歴史教科書とグローバル時代のナショナリズム』日本評論社，2001 年
『叙述のスタイルと歴史教育——教授法と教科書の国際比較』三元社，2003 年（分担）
『歴史教科書にみるアメリカ——共生社会への道程』学文社，2008 年
「歴史教科書におけるナショナルヒストリーの隘路と活路——日米の歴史教科書問題を事例として」『アメリカ史研究』第 31 号，2008 年
『共生と希望の教育学』筑波大学出版会，2011 年（共編著）
「共生社会意識とナショナリズムの構造」『社会学年誌』第 53 号，2012 年

〔監修者紹介〕

小島 弘道（おじま　ひろみち）

龍谷大学教授，京都教育大学大学院連合教職実践研究科教授，筑波大学名誉教授
東京教育大学大学院教育学研究科博士課程単位取得満期退学
神戸大学，奈良教育大学，東京教育大学，筑波大学，平成国際大学を経て現職
この間，モスクワ大学で在外研究
学会活動：日本学習社会学会会長，日本教育経営学会元会長
主要著書：
『学校と親・地域』東京法令出版，1996 年
『21 世紀の学校経営をデザインする　上・下』教育開発研究所，2002 年
『教務主任の職務とリーダーシップ』東洋館出版社，2003 年
『校長の資格・養成と大学院の役割』東信堂，2004 年（編著）
『時代の転換と学校経営改革』学文社，2007 年（編著）
『教師の条件―授業と学校をつくる力―（第 3 版）』学文社，2008 年（共著）：
中国語訳書　王玉芝译・陈俊英审〈教师的标准-课程建设与学校建设的能力〉
（戴建兵主编〈晏阳初农村丛书〉）中国农业出版社（汉　语），2012 年
『スクールリーダシップ』学文社，2010 年（共著）
『学校づくりとスクールミドル』学文社，2012 年（共著）

［講座 現代学校教育の高度化25］
学校教育と国民の形成

2012年11月30日　第 1 版第 1 刷発行

監　修　小島　弘道
著　者　宮寺　晃夫
　　　　平田　諭治
　　　　岡本　智周

発行者　田中　千津子　　〒153-0064　東京都目黒区下目黒3-6-1
　　　　　　　　　　　　電話　03（3715）1501 ㈹
発行所　㈱学文社　　　　FAX　03（3715）2012
　　　　　　　　　　　　http://www.gakubunsha.com

©A. Miyadera/Y. Hirata/T. Okamoto 2012　　　印刷　新灯印刷
乱丁・落丁の場合は本社でお取替えします。
定価は売上カード，カバーに表示。

ISBN 978-4-7620-2327-9